W0054372

Von Erich von Däniken sind außerdem bei BASTEI-LÜBBE erschienen:

ERICH VON DÄNIKEN

AUSSAAT UND KOSMOS

Spuren und Pläne außerirdischer Intelligenzen

BASTEI LÜBBE

BASTEI-LÜBBE-TASCHENBUCH
Band 60 276

1. Auflage Aug.   1990
2. Auflage Nov.   1990

© 1972 by Econ Verlag GmbH, Düsseldorf und Wien
Lizenzausgabe: Gustav Lübbe Verlag GmbH, Bergisch Gladbach
Printed in Germany, November 1990
Einbandgestaltung: Roberto Patelli
Titelbilder: Bavaria und Eric Bach
Druck und Bindung: Ebner Ulm
ISBN 3-404-60276-5

Der Preis dieses Bandes versteht sich einschließlich
der gesetzlichen Mehrwertsteuer

Inhalt

I   Das Gold der Götter

Die Besitzurkunde des Juan Moricz — In den Höhlen unter Ecuador — Säle wie Luftschutzbunker, 240 m unter der Erde — Strahlungen unbekannter Herkunft — Zoologischer Garten der Verrücktheiten — Die Metallbibliothek — Die erste Schrift der Menschheit? — Amulett aus der Mittelsteinzeit — Steinplatte mit Dinosaurier — Der erste Kuppelbau aller Zeiten — Von wilden Indios bewacht — Erstmaliger Bericht über den Goldschatz des Pater Crespi in Cuenca — Goldplastiken erzählen — Schlangen, Symbole für Weltraumfahrt? — Fehldeutungen der Wissenschaft — Pyramiden hatten dieselben Konstrukteure — Wissenschaft korrigiert Irrtum: Inkas hatten eine Schrift — Drei goldene Flugzeugmodelle — Die Goldkugel von Cuenca und ihre Matrize in Istanbul — Verrücktes Zählsystem der Inkas — Meisterwerk in Gold mit einer Bombe — Was ein Wissenschaftler von den Goldschätzen hält: die tollste Entdeckung seit Troja! — Warum es in Ecuador an Forschung fehlt — Sensationelle Entdeckung 1971 in Peru: Höhlen mit Schottentüren in Tonnenschwere — Was Pizarro nicht gefunden hat — Höhlen: Wohnung des Urvaters der Menschheit und Goldtresore — Fragen!

Das ist für mich die unglaublichste, die unwahrscheinlichste Geschichte des Jahrhunderts.

Dies könnte eine Science-fiction-story sein, wenn ich das Unglaubliche nicht gesehen und fotografiert hätte.

Was ich gesehen habe, ist weder Traum noch Phantasie, es ist Realität.

Unter dem südamerikanischen Kontinent liegt ein von irgendwem irgendwann angelegtes gigantisches Tunnelsystem von mehreren tausend Kilometern Ausdehnung tief unter der Erde. In Peru und Ecuador wurden Hunderte von Kilometern begangen und ausgemessen. Das ist erst ein geringer Anfang, und die Welt weiß nichts davon.

Am 21. Juli 1969 hinterlegte der Argentinier JUAN MORICZ beim Notar Dr. GUSTAVO FALCONI in GUAYAQUIL eine von mehreren Zeugen unterzeichnete rechtskräftige Urkunde (Abb. 1), die ihn dem Staat ECUADOR und der Nachwelt gegenüber als Entdecker des Tunnelsystems ausweist. Ich ließ das in Spanisch abgefaßte Dokument von einem UNO-Dolmetscher übersetzen. Die wichtigsten Teile sollen am Anfang dieses Berichts über das Unglaubliche stehen:

JUAN MORICZ, *argentinischer Staatsangehöriger durch Niederlassung, geboren in Ungarn, Paßport-Nr. 4 361 689 . . .*

Ich habe in der östlichen Region, Provinz von Morona-Santjago innerhalb der Grenzen der Republik Ecuador wertvolle Gegenstände von großem kulturellem und historischem Wert für die Menschheit entdeckt.

Die Gegenstände bestehen insbesondere aus Metallplatten; sie beinhalten voraussichtlich eine historische Zusammenfassung einer verlorenen Zivilisation, von welcher der Mensch bisher weder Ahnung noch Beweise hatte. Die Objekte liegen in verschiedenen Höhlen und sind zugleich von der verschiedensten Art. Die Entdeckung habe ich unter glücklichen Umständen machen dürfen . . .

Ich untersuchte in meiner Eigenschaft als Wissenschaftler folkloristische, ethnologische und linguistische Aspekte der ecuadorianischen Stämme . . .

Die von mir gefundenen Gegenstände weisen folgende Eigenarten auf:

1. Gegenstände aus Stein und Metall in verschiedenen Größen und Farben

2. Metalltafeln (Blätter) mit eingravierten Zeichen und Schriften. Es handelt sich dabei um eine regelrechte Metallbibliothek, welche eine Zusammenfassung der Geschichte der Menschheit beinhalten dürfte wie auch die Herkunft des Menschen auf Erden sowie Kenntnisse über eine vernichtete Zivilisation.

Die Tatsache der Entdeckung hat mich gesetzlich zum Besitzer der Metallschriftplatten und der anderen Gegenstände gemäß Artikel 665 des Zivilgesetzbuches gemacht.

Da es sich aber meiner Überzeugung nach um Gegenstände von unvorstellbarem kulturellem Wert handelt, welche ich nicht auf eigenem Grundstück gefunden habe, wird hier auf Artikel 666 hingewiesen, wonach der von mir entdeckte Reichtum zwar persönlicher Besitz bleibt, jedoch unter der Kontrolle des Staates stehen wird.

Ich bitte Sie, hochgeachteter Herr Präsident der Republik, eine wissenschaftliche Kommission zu ernennen, die meine Bekanntmachung überprüft und den Wert der Funde beaufsichtigt . . .

Dieser Kommission werde ich die exakte geographische Lage und den Standort des Eingangs zeigen sowie die Gegenstände, die ich bis heute dort entdeckt habe . . .

Während seiner Forschungsarbeiten, bei denen ihm peruanische Indios brave Helfer und geschickte Vermittler zu ihren tückischen

ESCRITURA

de   PROTOCOLIZACION DE LA DENUNCIA

Otorgada por   PRESENTADA POR EL SEÑOR JUAN

MORICZ..-

a favor de   %%%%%%%%%%%%%%%%

%%%%%%%%%%%%%%%%%%

y autorizado por el

N O T A R I O

Dr. GUSTAVO FALCONI L.

Copia PRIMERA *Registro de* ESCRITURA DEL

AÑO 1.969

D E L A C U A R T A N O T A R I A D E L C A N T O N

Guayaquil, 21 de Julio *de 1.96* 9

---

1 Mit dieser notariellen Urkunde vom 21. Juli 1969 gingen die Höhlen unter Ecuador in den Besitz von Juan Moricz über. Moricz unterstellte sie der Kontrolle des Staates, jeder Forschung den Weg ebnend.

Stammesgenossen waren, war MORICZ im Juni 1965 auf unterirdische Gänge gestoßen. Behutsam, wie es seinem Wesen entspricht und skeptisch, wie er als Wissenschaftler nun mal zu sein hat, schwieg er drei Jahre lang. Erst als er viele Kilometer unterirdischer Stollen abgeschritten und bemerkenswerte Gegenstände gefunden hatte, erbat er im Frühjahr 1968 eine Audienz beim Präsidenten VELASCO IBARRA. Aber der Präsident eines Landes, in dem fast jeder Vorgänger vor Ablauf seiner Amtszeit durch Aufstände gestürzt wurde, hatte für den Einzelgänger mit seiner ungeheuerlichen Fundmeldung keine Zeit. Die Palastschranzen fanden den eigenwilligen Archäologen sehr nett und versicherten ihm auch, nach langem Warten, in einigen Monaten würde der Herr Präsident ihn wohl empfangen können. MORICZ hat erst 1969 einen Termin bekommen. Verbittert, verkroch er sich in seinem Labyrinth unter der Erde.

Ich traf JUAN MORICZ am 4. März 1972.

Zwei Tage lang versuchte sein Rechtsanwalt Dr. MATHEUS PEÑA, GUAYAQUIL, ihn mit Telegrammen und Telefonaten irgendwo zu erwischen. Ich hatte mich mit ausreichender Lektüre in der Kanzlei niedergelassen, einigermaßen nervös, wie ich zugeben muß, denn nach allen Schilderungen war MORICZ ein schwer zugänglicher Mann und von einem tiefen Mißtrauen gegen alle, die mit Schreiben zu tun haben. Ein Telegramm erreichte ihn. Er rief an. Und kannte meine Bücher! »Mit Ihnen werde ich sprechen!«
In der Nacht zum 4. März stand er da, braungebrannt, drahtig, graues Haar, Mitte der Vierzig (Abb. 2). Er ist einer von der Art, die man ansprechen muß, selbst ist er ein perfekter Schweiger. Meine ungestüm drängenden Fragen belustigten ihn. Allmählich fing er an, sachlich und sehr plastisch von »seinen« Höhlen zu erzählen.
»Aber das gibt es doch nicht!« rief ich.
»Doch«, sagte Rechtsanwalt PEÑA, »es ist genauso. Ich habe das alles selbst gesehen.«
MORICZ, FRANZ SEINER (mein Reisebegleiter) und ich stiegen in einen Toyota-Jeep; während der 24stündigen Fahrt zum Ziel lösten wir uns am Steuer ab. Ehe wir in die Höhle einstiegen, nahmen wir uns Zeit für einen tiefen Schlaf. Als sich am Morgenhimmel ein heißer Tag ankündigte, begann unser Abenteuer, das größte meines Lebens.
In der Provinz MORONA-SANTJAGO, im Dreieck GUALAQUIZA–S. ANTONIO–YAUPI (Abb. 3), einem von mißtrauischen Indios bewohnten Gebiet, liegt der in den Fels geschnittene Eingang, breit wie ein

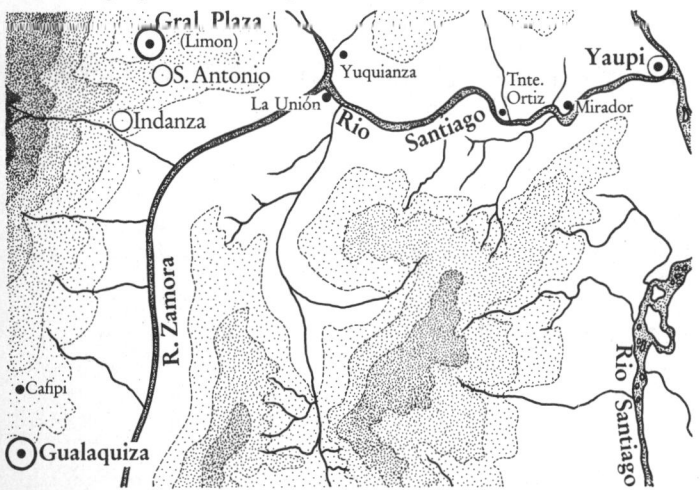

2 Erich von Däniken mit dem Entdecker des Höhlensystems Juan Moricz vor einem Seiteneingang in die geheimnisvolle Unterwelt.

3 In der Provinz Morona-Santiago liegt in dem Dreieck der Städte Guala-quiza–S. Antonio–Yaupi der geheime, von fremdenfeindlichen Indios bewachte Eingang zu dem verborgenen Höhlensystem.

4 Im Innern des künstlichen Tunnelsystems. Es wimmelt von zahllosen seltsamen Vögeln; die Kotschicht an zwei gemessenen Stellen beträgt 82 bzw. 90 cm. — Die Decken sind plan bearbeitet, die Wände im rechten Winkel und oft wie von einer Glasur überzogen.

Scheunentor. Plötzlich, von einem Schritt auf den anderen, wird letztes einfallendes Tageslicht zu schwärzester Finsternis. Vögel schwirren an unseren Köpfen vorbei, man spürt den Windhauch und zuckt zusammen. Helmscheinwerfer und Taschenlampen blitzen, vor uns reißt das Einstiegsloch seinen Schlund auf. An einem Seilzug, der 80 m in die Tiefe führt, gleiten wir auf die erste Plattform herab; von dort aus geht es noch zweimal 80 m tief nach unten. Der Marsch in die jahrtausendealte künstliche Unterwelt einer fremden, unbekannten Rasse beginnt.

Die Höhlengänge (Abb. 4) sind samt und sonders rechtwinklig, mal schmal, mal breit, die Wände glatt, oft wie poliert, die Decken plan und wie von einer Glasur überzogen. Das freilich sind keine auf natürliche Weise entstandenen Gänge — Luftschutzbunker unserer Zeit sehen so aus!
Während ich Decke und Wände prüfe und betaste, überkommt mich

ein herzliches Lachen, dessen Echo aus den Tunnels widerhallt.
MORICZ leuchtet mir ins Gesicht: »Was ist? Hat's dich erwischt?«
»Jetzt möchte ich auf der Stelle *den* Archäologen sehen, der mir er-
klärt, diese Arbeit sei mit Steinfäustlingen getan worden!«
Mein Zweifel in die Realität dieser Anlage ist wie weggeblasen,
mich erfüllt ein großes Glücksgefühl. Gänge wie die, durch die wir
eben gehen, sagt MORICZ, gäbe es unter dem Boden von Ecuador
und Peru in vielen hundert Kilometern Länge.
»Jetzt biegen wir rechts ab!« ruft MORICZ.
Wir stehen am Eingang einer Halle, groß wie der Hangar für einen
Jumbo-Jet. Es könnte ein Verteilerplatz, ein Materiallager gewesen
sein, denke ich. Hier enden bzw. beginnen Stollen, die in verschiedene
Richtungen führen. Der Kompaß, den ich befragen will: wohin,
streikt. Ich schüttle ihn, die Nadel rührt sich nicht. MORICZ beobachtet mich:
»Das hilft nicht. Hier unten gibt es Strahlungen, die eine Kompaß-
orientierung unmöglich machen. Ich verstehe nichts von Strahlungen, ich beobachte sie nur, hier müßten Physiker ihre Arbeit tun.«
An der Schwelle zu einem Seitengang liegt ein Skelett so säuberlich
am Boden, als hätte es ein Anatom für Belehrungen seiner Studen-
ten hergerichtet, aber auch aus einer Spraydose mit Goldstaub
besprüht. Die Knochen leuchten im Scheinwerferlicht wie pures
Gold.
MORICZ fordert uns auf, die Lichter zu löschen und ihm langsam zu
folgen. Es ist still, ich höre unsere Schritte, unseren Atem und das
Rauschen der Vögel, an das man sich merkwürdig schnell gewöhnt.
Die Dunkelheit ist schwärzer als die Nacht.
»Licht an!« ruft MORICZ.
Wir stehen verblüfft und gebannt mitten in einem riesigen Saal.
MORICZ, der stolze Entdecker, hat den Coup so gut vorbereitet wie
Brüsseler, die Fremde mit gleichem Trick ihrem erleuchteten Grand'
Place, vielleicht dem schönsten der Welt, konfrontieren.
Dieser namenlose Saal, in den der siebente Gang führt, ist von
beklemmender Größe, von starrer Schönheit und edlen Proportionen.
Der Grundriß sei 140 × 150 m, hören wir. Das sind fast die Maße der
Mondpyramide in TEOTIHUACAN, geht es mir durch den Sinn, dort
wie hier kennt niemand die Baumeister, die überragenden Techniker.
In der Mitte des Saales steht ein Tisch.
Ist es ein Tisch?
Wahrscheinlich, denn an der Längsseite stehen sieben Stühle.
Sind es Stühle?
Vermutlich sind es Stühle.

5 Vorder- und Rückseite eines Amuletts, das um 9000–4000 v.d.Z. zu datieren ist. Es wurde von Moricz in der Höhle gefunden, ein Beweis dafür, daß die Tunnel mindestens dieses Alter haben müssen. Ein Wesen steht auf der runden Erdkugel. Woher wußten Steinzeitmenschen von dieser viel späteren Entdeckung einer runden Erdkugel?

Aus Stein?
Nein, sie strahlen nicht die Kühle von Stein aus.
Aus Holz?
Bestimmt nicht. Holz hätte die Jahrtausende über nicht diese Stabilität bewahrt.
Sind sie aus Metall?
Ich glaube es nicht. Sie fühlen und fassen sich an wie eigentemperierter Kunststoff, aber sie sind schwer und hart wie Stahl.
Hinter den Stühlen stehen Tiere; Saurier, Elefanten, Löwen, Krokodile, Jaguare, Kamele, Bären, Affen, Bisons, Wölfe – kriechen Echsen, Schnecken, Krebse. Wie in Formen gegossen, reihen sie sich zwanglos und freundlich nebeneinander. Nicht wie bei Darstellungen der Tiere der Arche Noah in Paaren. Nicht, wie es der Zoologe gern hätte, nach Abstammung und Rasse. Nicht, wie es der Biologe möchte, in der Rangordnung der natürlichen Evolution.
Es ist ein zoologischer Garten der Verrücktheiten, und seine Tiere sind aus reinem Gold.
Der Schatz der Schätze steht auch in diesem Saal, jene Metallbibliothek, von der in der Notariatsurkunde die Rede war, unter der ich

mir aber nichts, gar nichts hatte vorstellen können.

Gegenüber dem zoologischen Garten, links hinter dem Konferenz-
tisch, steht die Bibliothek aus Metallplatten. Teils Platten, teils
millimeterdünne Metallfolien, die meisten in der Größe von 96 × 48
cm. Mir ist, nach langem kritischem Betrachten, schleierhaft, welches Material eine Konsistenz hat, die das Aufrechtstehen so dünner
und so großer Folien ermöglicht. Sie stehen nebeneinander wie ge-
bundene Blätter von Riesenfolianten. Jede Tafel ist beschriftet, trägt
Stempel, ist gleichmäßig wie von einer Maschine bedruckt. MORICZ
schaffte es bisher nicht, die Seiten seiner Metallbibliothek zu zählen,
ich akzeptiere seine Schätzung, daß es einige Tausend sein können.

Die Schriftzeichen auf den Metallplatten sind unbekannt, aber ich
bin überzeugt, daß sich aus der Fülle der Vergleichsmöglichkeiten
relativ schnell Entschlüsselungen ergeben werden, wenn die ein-
schlägigen Wissenschaftler *nunmehr* von der Existenz dieser Ein-
maligkeit erfahren.

Wer immer und wann Schöpfer und Gestalter dieser Bibliothek gewesen sein mag, jener große Unbekannte beherrschte mit seinen Hel-
fern nicht nur eine Technik, Metallfolien in solcher Vielzahl »nach
Maß« herstellen zu können – das Werk steht da! – er kannte auch
Schriftzeichen, mit denen er Wesen einer fernen Zukunft Wichtiges
mitteilen wollte. Diese Bibliothek aus Metall wurde geschaffen, da-

6 Falls der vorzeitliche Steinmetz hier einen Dinosaurier darstellte, wird
es ganz verrückt! Diese Tiere lebten vor 135 Millionen Jahren.

mit sie die Zeiten überdauerte, um noch in Ewigkeiten lesbar zu bleiben ...

Es wird sich zeigen, ob unsere Gegenwart ernsthaft interessiert ist, Geheimnisse so grandioser Art aufzudecken.

Ist ihr an der Entzifferung eines Urwerkes gelegen, das Wahrheiten zutage fördern kann, die die hübsche und doch so fragwürdige Weltordnung völlig auf den Kopf zu stellen vermag?

Scheuen die Exekutiven aller Religionen nicht am Ende doch vorgeschichtliche Enthüllungen, die *Glauben* an die Schöpfung durch *Wissen* von der Schöpfung ersetzen könnten?

Will der Mensch überhaupt zur Kenntnis nehmen, daß seine Abstammungsgeschichte so ganz und gar anders verlief als jene, die ihm wie ein frommes Märchen einfiltriert wird?

Sind Prähistoriker tatsächlich und ohne Scheuklappen und mit redlichem Eifer auf der Suche nach der wirklichen Wahrheit?

Niemand fällt gern von einem Wolkenkratzer, den er selbst gebaut hat.

Wände und Gänge des Tunnelsystems sind nackt; es gibt hier keine Malereien wie in den tiefen Grabkammern im Tal der Könige bei LUXOR, keine Reliefs, wie man sie in prähistorischen Höhlen an allen Orten der Welt findet. Dafür gibt es hier Steinfiguren, über die man alle Nasenlänge stolpert.

MORICZ besitzt ein 12 cm hohes und 6 cm breites Steinamulett. In die Vorderseite (Abb. 5) ist eine Gestalt mit sechseckigem Leib und kugelrundem, wie von Kinderhand gezeichnetem Kopf eingraviert; die Figur balanciert in der rechten Hand den Mond, in der linken die Sonne. Gut, das ist nicht überraschend – aber: sie steht mit beiden Beinen fest auf der runden Erdkugel! Ist das ein eindeutiger Beweis, daß schon zu Zeiten, als erste primitive Zeichnungen in Stein geritzt wurden, mindestens eine Elite unserer frühesten Vorfahren bereits Kenntnis davon hatte, daß wir auf einer Kugel leben? – Die Rückseite (Abb. 5) stellt einen Halbmond und die strahlende Sonne dar. – Über jeden Zweifel erhaben, scheint mir dieses in den Höhlen gefundene Steinamulett ein Beweis dafür zu sein, daß das Tunnelsystem schon in der Mittelsteinzeit (9000–4000 v.d.Z.) vorhanden war.

In eine Steinplatte (Abb. 6), 29 cm hoch, 53 cm breit, ist ein Tier graviert. Ich vermute, daß es die Darstellung eines Dinosauriers ist: diese ausgestorbenen Urtiere bewegten sich an Land mit Hilfe ihrer

7 Ein in Stein gemeißeltes Skelett. Woher hatte der Bildhauer seine Kenntnisse? ▷

8 Vermutlich das Modell des frühesten Kuppelbaus aller Zeiten. Was in den Büchern steht, was uns die Schule lehrte, stimmt nicht mehr.

längeren Hinterbeine, wie sie die Gravüre darstellt; selbst der riesige Wuchs – Dinosaurier waren bis zu 40 m lang – ist noch in dem verkürzt dargestellten schweren Körper zu ahnen, und auch die Füße mit drei Zehen bestärken meine Vermutung. Wenn meine Identifizierung dieser Darstellung »stimmt«, dann allerdings wird es sehr, sehr unheimlich. Diese ausgestorbenen Kriechtiere gab es im Erdmittelalter während der oberen Kreidezeit, also vor 135 Millionen Jahren, als die heutigen Kontinente begannen, ihre Gestalt anzunehmen. Ich wage nicht, weiterzuspekulieren. Ich stelle nur noch die Frage in den Raum: welches denkende Wesen hat je einen Saurier gesehen?

Vor uns liegt das aus Stein gemeißelte Skelett (Abb. 7) eines Menschen. Ich zähle zehn Rippenpaare. Gab es Anatomen, die den Körper für einen Bildhauer sezierten? WILHELM CONRAD RÖNTGEN entdeckte »eine neue Art von Strahlen«, die er X-Strahlen nannte, bekanntlich erst im Jahre 1895!

9 Clown, Gottheit oder Raumfahrer? Die Figur hat so deutliche technische ▷ Accessoirs, daß es zu einer kosmonautischen Crew gehört haben könnte. Sprechmuscheln, Steckkontakte am Helm – was soll das?

18

In einem Büro, Pardon, einem quadratischen Steinraum, zeigt mir MORICZ eine Kuppel (Abb. 8). Wie Wächter reihen sich um den Äquator der Kuppel Figuren mit dunklen Gesichtern, auf denen spitze Hüte thronen; in den Händen halten sie speerähnliche Gegenstände, abwehrbereit. Über die Kuppeldecke schweben, fliegen Gestalten. Mit der Taschenlampe erkenne ich hinter dem »romanischen« Kuppeleingang ein kauerndes Skelett. Das schockiert mich nicht. Mich schockiert dieses Modell eines Kuppelbaus! Einen Kuppelbau entdeckte erstmals HEINRICH SCHLIEMANN, als er von 1874–1876 MYKENE, Burg und Stadt im nordöstlichen PELOPONNES, freilegte, und dieser Kuppelbau soll Ende des 14. Jahrhunderts v.d.Z. von ACHÄERN erbaut worden sein. In der Schule lernte ich gar, das PANTHEON in Rom, zwischen 120 und 125 n.d.Z. unter HADRIAN erbaut, wäre der erste Kuppelbau. Ich halte nunmehr diese Steinarbeit für das älteste Modell eines Kuppelbaus...

Auf einem Steinsockel hockt ein Clown mit Knollennase (Abb. 9). Stolz trägt der kleine Kerl seinen Helm, der die Ohren bedeckt. An den Ohrläppchen sind Hörmuscheln wie bei unseren Telefonen angebracht. Auf die Stirnfront des Helms wurde eine Kapsel von 5 cm Durchmesser und 1 cm Dicke gepappt, mit 15 Löchern versehen, die glänzend für Steckkontakte geeignet scheinen. Um den Hals baumelt eine Gliederkette, an der wieder so eine Kapsel hängt mit einer Zahl von Durchgrifflöchern, wie sie Wählscheiben unserer Telefone haben. Gleich bemerkenswert ist der Anzug, in dem der Gnom steckt – sind die Andeutungen von Aggregaten der Raumfahreranzüge und die Handschuhe, in denen die Finger vor gefahrvollen Kontakten bestens geschützt sind.

Einem geflügelten Mutterwesen, zwischen dessen Armen ein schlitzäugiges Kind mit einem Vespa-Fahrer-Helm kniet, hätte ich keine Beachtung geschenkt, wenn ich nicht bei einem Besuch im AMERIKANISCHEN MUSEUM, MADRID, die *gleiche* Figur (Abb. 10), allerdings in Ton, gesehen hätte.

Über diese Höhlen und ihre Schätze lassen sich Bücher schreiben, und sie *werden* geschrieben werden! Darin wird dann unter vielem anderen auch die Rede sein von den zwei Meter hohen Steinmetzarbeiten, die Wesen mit drei und sieben Köpfen zeigen – von den dreieckigen Platten, die Schriftzeichen tragen, als hätten Schüler ihre ersten Schreibversuche gemacht –, von quadratischen Würfeln, die auf ihren sechs Flächen geometrische Darstellungen zeigen – von

10 Das gleiche geflügelte Mutterwesen wie in Ecuadors Höhlen gibt es – ▷ in Ton – im Amerikanischen Museum in Madrid zum Betrachten!

11 Dieselben Markierungen, wie sie in den Felsen am Eingang zum Tunnel gemeißelt sind, trägt der Häuptling des Indiostammes, der die Höhle bewacht, auf beiden Wangen, zeitlose Symbole der Indios.

dem 114 cm langen, 24 cm breiten flachen Speckstein, der wie ein Bumerang gebogen ist und auf dem es von Sternen wimmelt . . .
Niemand weiß, wer die Tunnels gebaut hat, niemand kennt die Bildhauer, die so seltsam vieldeutige Werke deponierten. Nur dies scheint mir klar zu sein: Die Höhlenkonstrukteure waren nicht zugleich die Steinmetzen, die zweckmäßig kargen Gänge »sprechen« gegen dekorative Beigaben. Möglich, daß sie die unterirdischen Gewölbe Bevorzugten zeigten, möglich, daß diese Gesehenes und Gehörtes in Stein gestaltet haben und in der Tiefe lagerten . .
Noch ist der Eingang zum unterirdischen Tresor der Menschheitsgeschichte nur wenigen vertrauenswürdigen Personen bekannt und von einem wilden Indiostamm bewacht. Ungesehen lauern Indios im Dickicht und beobachten jede Bewegung von Fremden. MORICZ ist vom Häuptling der Höhlenbewacher und drei Stammesangehörigen, die gelegentlich Kontakt mit der Zivilisation haben, als Freund angenommen worden, also Freund des ganzen Stammes.

Einmal im Jahr, am 21. März zum Frühlingsbeginn, steigt der Häuptling allein bis zur ersten Plattform in den Orkus, um rituelle Gebete zu verrichten. Auf beiden Wangen trägt der Häuptling die gleichen Zeichen, wie sie auf Felsen am Tunneleingang markiert sind (Abb. 11). Der Stamm der Höhlenbewacher stellt heute noch Masken und Schnitzereien her »von Menschen mit den langen Nasen« (Gasmasken?), und man erzählt sich dort, wie MORICZ weiß, Heldentaten von den »fliegenden Wesen«, die einst vom Himmel kamen. Aber weder mit Reden noch Geschenken sind diese Indios bereit, mit in die Höhlen zu gehen.

»Nein«, sagten sie MORICZ, »dort unten leben Geister!« Merkwürdig, höchst merkwürdig ist, daß Indio-Häuptlinge von Zeit zu Zeit Schulden, die sie bei der zivilisierten Welt haben, mit Gold begleichen oder Freunden, die ihrem Stamm einen Dienst erwiesen, kostbare Goldarbeiten aus ihrer 500jährigen Vergangenheit schenken.

Mehrfach hatte mich MORICZ während unseres Marsches daran gehindert, zu fotografieren. Er hatte immer wieder andere Vorwände. Mal waren es die Strahlungen, die ohnehin die Negative unbrauchbar machen würden, mal war es das Blitzlicht, das mit seinem grellen Licht die Metallbibliothek beschädigen könnte. Ich konnte zuerst die Gründe nicht einsehen. Nach einigen Stunden in der Unterwelt bekam ich Sinn für das eigenartige Verhalten von MORICZ. Man wird das Gefühl nicht los, dauernd beobachtet zu werden, einen Zauber zu zerstören, ein Debakel auszulösen. Werden sich die Ausgänge schließen? Wird das Blitzlicht einen synchronisierten Laserstrahl zünden? Werden wir nie wieder das Tageslicht sehen? Läppische Überlegungen von Männern, die den Dingen auf den Grund kommen wollen? Möglich. Wer das dort unten erlebt hat, wird Verständnis für solche absurden Gedanken haben. Erst mit dem Rüstzeug moderner technischer Hilfsmittel wird zu prüfen sein, ob es hier Gefahren gibt, die umgangen oder überwunden sein wollen.

Als ich die Goldstapel vor mir sah, bat ich, noch einmal eine Aufnahme, eine einzige nur, machen zu dürfen. Wieder bekam ich eine Abfuhr: man müsse die Goldkloben vom Stapel wuchten, das könne Lärm machen und der könnte – wie eine Lawine – Gestein von der Decke lösen. MORICZ beobachtete meinen Ärger, er lachte:

»Du wirst Gold genug vor die Kamera kriegen, nur nicht in so ungeheuren Mengen. Zufrieden?«

Heute weiß ich, daß der größte Goldschatz aus den dunklen Höhlen nicht in südamerikanischen Museen zu besichtigen ist. Der liegt im Hinterhof der Armenkirche MARIA AUXILIADORA von CUENCA in

Ecuador, einer Wallfahrtskirche, 2 500 m über dem Meer.

Pater CARLO CRESPI (Abb. 4 F*), der die – auch ihrem reinen Gold-
wert nach – unschätzbaren Kostbarkeiten gehortet hat, lebt seit 45
Jahren hier in CUENCA; er genießt den Ruf eines zuverlässigen Freundes der Indios, die ihm denn auch in den zurückliegenden Jahrzehnten, und heute noch, Stück um Stück der wertvollsten Gold- und
Silberkunstwerke aus ihren Verstecken hervorholten und zum Geschenk machten.

Man hatte mich vorgewarnt: der Padre sei ein Filou, nur zu gern
nähme er seine Besucher auf den Arm. Ich bekam bald eine Kost-
probe: ganz ernst zeigte er mir einen Gegenstand, der zweifelsfrei
der Unterteil eines Bügeleisens war. »Sehen Sie«, sagte er, »und
damit ist bewiesen, daß die Inkaherrscher bereits ihre Hosen bügeln
ließen!« Wir lachten, Crespi führte uns unbewegten Gesichts durch
seine Schatzkammern. In Raum I lagern Steinmetzarbeiten, in Raum II
liegen Inkaarbeiten in Gold, Silber, Kupfer, Messing – in Raum III
aber hütet er den Goldschatz, den er ebenso ungern wie selten zeigt.
– CUENCA hat ein » Gold-Museum«, es kann aber mit Crespis Schätzen nicht mithalten.

Wenn nachfolgend oft von Gold und immer wieder von purem
Gold die Rede sein wird, so gebe ich die Überzeugung von Pater
Crespi, wie auch meine eigene, wieder.

Prunkstück einer Stele (Abb. 11 F), 52 cm hoch, 14 cm breit, 4 cm
dick. – In 56 Quadrate sind 56 verschiedene Schriftzeichen »gestempelt«. Auf den Folien in der Metallbibliothek im Großen Saal sah ich
haarscharf dieselben Schriftzeichen! Der Verfertiger dieser Goldstele
beherrschte einen Code (ein Alphabet?) von 56 Buchstaben oder
Symbolen, die sich zu einer Schrift ordneten, was um so bemerkens-
werter ist, als bislang behauptet wird, in den südamerikanischen
Kulturen (Inkas, Mayas etc.) habe es keine alphabetähnlichen
Schriften gegeben.

»Hast du diese Dame gesehen?« ruft MORICZ.

Sie ist 32 cm groß, selbstverständlich aus purem Gold, hat einen
Kopf aus zwei versetzten Dreiecken, an deren Schnittflächen Flügel
angeschweißt zu sein scheinen. Aus den Ohren wachsen gewundene
Kabel, sicherlich kein Schmuck, denn die der Dame gebührenden
Ohrclips sind in die Ohrläppchen gezwickt.

Die Dame hat gesunde, wenn auch dreieckige Proportionen, wohl-
geformte Brüste, die Beine stehen im Spreizschritt. Daß sie keine
Arme hat, tut ihrer Schönheit keinen Abbruch, dafür trägt sie

---

* Das »F« weist auf die Abbildungen im Farbteil hin.

schicke lange Hosen. Über dem Haupt der Lady schwebt eine Kugel, und mir scheinen auch die neben ihren Ellenbogen eingravierten Sterne auf ihre Herkunft hinzudeuten. Star einer vergangenen Epoche? Ein Mädchen von den Sternen? Goldener Diskus von 22 cm Durchmesser (Abb. 2 F). – Um einen Schild zur Verteidigung – wie ihn Archäologen katalogisieren würden – kann es sich nicht handeln: einmal ist er viel zu schwer, zum anderen gab es auf der glatten Rückseite nie einen Haltegriff. Ich denke, daß auch dieser Diskus ein Nachrichtengeber war: zwei stilisierte, dennoch unglaublich genaue Samenfäden, zwei schmunzelnde Sonnen, die Sichel eines abnehmenden Mondes, ein großer Stern, zwei stilisierte viereckige Menschengesichter. In der Mitte: Punkte, die in ihrer Anordnung ästhetisches Vergnügen des Betrachtens bereiten, die aber vermutlich mehr und anderes als das bewirken wollten.

Pater CRESPI schleppt eine schwere Goldplatte vor die Kamera.

»Hier, junger Freund, ist etwas Besonderes für Sie! Dieses Stück stammt aus der Zeit vor der Sintflut...!« Drei Gesichter, die eine hohe Tafel mit irgendwelchen Zeichen präsentieren, starren mich an. Die Augenpaare sind sich ähnlich, wie hinter einer Brille hervorlugend. Das obere linke Monstrum zeigt eine Kugel, das rechte steckt wohl von Kopf bis Fuß in einem Overall, der an den Seiten vernietet ist, und trägt stolz auf dem Kopf einen dreieckigen Stern. Über der Zeichentafel schweben zwei Kugeln, in Flügel gebettet. Was präsentieren die Monster? Etwas wie eine Morseschrift, Punkte, Striche, Notrufe? Eine Schalttafel für elektrische Anschlüsse, eine Sammelstelle für Reglerableitungen? Möglich ist alles, doch wittere ich in dieser Tafel keine Schriftzeichen, eher technische Analogien ... Und sie stammt, wie der vom Vatikan für seine archäologischen Forschungen freigestellte Pater sagt, aus der Zeit vor der Sintflut.

Bei meinem Wort: es bedarf guter Kontenance, beim Anblick der Schätze im Hinterhof von MARIA AUXILIADORA *nicht* in einen Goldrausch zu verfallen! Es war aber nicht das viele Gold, das mich beeindruckte: auf Hunderten von Goldplatten leuchten Darstellungen von Sternen, Monden, Sonnen ... und Schlangen, die nahezu unzweifelhaft Symbole für die Weltraumfahrt sind.

Ich zerre einige besonders fotogene Exemplare solcher Darstellungen aus dem angeblich verschollenen Erbe der Inkas, die sehr wohl das Zeichen der Schlange kannten und es meisterlich in Verbindung zu ihrem Herrscher, dem »Sohn der Sonne«, zu bringen wußten.

Goldrelief mit Pyramide (Abb. 5 F). – Die Steilwände sind von *Schlangen* eingefaßt; es gibt zwei Sonnen, zwei Astronautenmonstren, zwei hirschähnliche Tiere und punktierte Kreise. Deuten diese die Zahl der in den Pyramiden beigesetzten Weltraumfahrer an?

Und noch eine Goldplatte mit Pyramide (Abb. 3 F). – Zwei Jaguare, Sinnbilder der Kraft, klettern an den Wänden empor. Am Fuß der Pyramide klare Zeichen einer Schrift, links und rechts daneben: Elefanten, die es vor etwa 12 000 Jahren in Südamerika gab, zu einer Zeit, als angeblich noch keine Kultur existierte. Und die *Schlangen* sind endlich einmal dort, wohin sie gehören, am Himmel.

Schlange und Drache haben in allen Schöpfungsmythen ihren Stammplatz, niemand kann das bestreiten. Selbst eine Naturwissenschaftlerin wie Frau Dr. IRENE SÄNGER-BREDT, als Ingenieur für die Luft- und Raumfahrtindustrie tätig, stellt in ihrem Werk »Ungelöste Rätsel der Schöpfung« die Frage:

»Warum spielt das Drachenmotiv in figürlichen Darstellungen und Mythen der alten Völker bei den Chinesen, Indern, Babyloniern, Ägyptern, Juden, Germanen und Maya eine so große Rolle?«

In ihrer Antwort deutet Dr. SÄNGER-BREDT die Wahrscheinlichkeit an, daß die Drachen- und Schlangensymbole in irgendeinem Zusammenhang mit der Schöpfung und dem Weltall stehen müssen.

ROBERT CHARROUX belegt in seinem Buch »Die Meister der Welt« aus alten Schriften, daß es allerorts leuchtende Schlangen gab, die in den Lüften schwebten, daß Phönizier und Ägypter Schlangen und Drachen zu Gottheiten erhoben, daß die Schlange dem Element des Feuers angehörte, weil in ihr *eine Geschwindigkeit ist, die auf Grund ihres Atems nichts übertreffen kann.* CHARROUX zitiert AREIOS VON HERAKLEOPOLIS wörtlich: »Die erste und höchste Gottheit ist die Schlange mit dem Sperberkopf, wenn sie die Augen öffnet, erfüllt sie die ganze erstgeschaffene Erde mit Licht, wenn sie sie schließt, breitet sich Finsternis aus.«

Der Geschichtsschreiber SANCHUNIATON, der um 1250 v.d.Z. in BEIRUT lebte, soll Mythologie und Geschichte der Phönizier aufgeschrieben haben. Daraus gibt CHARROUX diesen Passus wieder:

»Die Schlange hat eine Geschwindigkeit, die auf Grund ihres Atems nichts übertreffen kann. Sie verleiht den Spiralen, die sie bei ihrer Fortbewegung beschreibt, jede beliebige Geschwindigkeit... Ihre Energie ist außergewöhnlich... Mit ihrem Glanz hat sie alles beleuchtet...«

Das sind keine Beschreibungen von Schlangen, wie denkende Wesen sie am Boden kriechen sahen.

Warum aber nisteten sich Schlangen so hartnäckig in alle Schöpfungsgeschichten ein?

Ich folge einmal dem Appell der Wissenschaftler, wonach unsere Urvorderen nur aus ihrem damaligen Verständnis zu begreifen

sind, ich betreibe ganz simple Tiefenpsychologie:
Wenn unsere frühen Vorfahren einen so großen ungewöhnlichen
Vogel gesehen hatten, beschrieben sie ihn als den Vogel, den sie
beobachtet hatten: die Begriffe dafür gab es in ihrem schmalen
Sprachschatz. Wie aber konnten sie eine Beobachtung, eine erst-
malige Erscheinung am Firmament schildern, die sie noch nie gesehen hatten, für die ihnen Begriffe und Worte fehlten? Die fremden Kosmonauten waren vermutlich bei ihren ersten Landungen
auf unserem Planeten nicht gerade zimperlich: vielleicht wurden Zu-
schauer während der Landung vom glühenden Strahlenschweif einer
Düse getroffen und versengt oder beim Rückstart vom Ausstoß einer
Rakete vernichtet. Für einen Augenzeugenbericht über dieses gran-
dios furchtbare Ereignis fehlte jeglicher technische Wortschatz! Das
unbekannte (metall)-glänzende Ding, das da stinkend, schnaubend
und lärmend landete oder startete, war kein Vogel, ganz gewiß
nicht. Also beschrieben sie, was sie beobachtet hatten, mit geläufi-
gen Begriffen als ein Ding »wie einen Drachen« oder »wie ein
großer glänzender Vogel« oder – weil es gar so unbegreiflich schien
– als »eine gefiederte feuerspeiende Schlange«. Geschockt vom
Erlebten, berichteten die Väter den Söhnen und diese den Enkeln
über Jahrhunderte und Jahrtausende hin von der fürchterlichen Dra-
chen- oder Schlangenerscheinung. Im Laufe der Zeit verlor der mit
behelfsmäßigen Vokabeln gegebene Tatsachenbericht mehr und mehr
an Konturen, mal dominierte der feuerspeiende Drache, mal die fliegende Schlange (weil sie gar so unvorstellbar war!), und die nistete
sich dann überwiegend in den Mythos ein.
Auch auf den Goldplatten in den Höhlen unter ECUADOR und PERU,
auf den Schätzen von Pater CRESPI gibt es Schlangen in unendlicher
Zahl – Pyramiden erkletternd, zur Spitze strebend – mit Feuer-
schweifen am Himmel fliegend – auf den Häuptern von Göttern
liegend. Hier und anderswo findet man aber keine einzige Schlange,
wie Menschen sie zu allen Zeiten beobachten konnten: sich im
Gras ringelnd, sich von einem Baum hangelnd, gemütlich eine Maus
verspeisend, sich im Rudel im Schlamm schlängelnd.
Überall stehen Drache und vor allem die Schlange als Zeichen für
Erscheinungen aus dem Kosmos.
Was meinen die Archäologen?
Die Schlange sei Symbol der Unsterblichkeit gewesen. Warum? Weil
unsere raffinierten Vorfahren beobachtet hätten, wie das Tier die
Haut abstreife und immer neu daraus hervorschlüpfe. Sahen unsere
altvorderen Verhaltensforscher denn nicht, daß die Schlange schließ-
lich *doch* verendete?

Die Schlange sei Ausdruck der Wendigkeit, des agilen Lebens gewesen. Wären dafür nicht Vögel oder Schmetterlinge bessere Vorlagen als dieses elende, am Boden kriechende Tier?

Die Schlange sei Zeichen der Fruchtbarkeit gewesen und deshalb von primitiven Völkern — die allesamt Angst vor Schlangen hatten! — verehrt worden. Ein eigenartiges Stimulans für die Zeugung von Nachkommenschaft.

Der Waldbewohner habe die Schlange gefürchtet und sie darum zur Gottheit erkoren. Löwen, Bären oder Jaguare waren doch weitaus gefährlicher — Schlangen greifen nur Wild an, das sie als Nahrung aufspüren, sie attackieren nicht.

Da kommt MOSES (I/3) der Sache schon näher: Ihm gilt die Schlange als Botin des Unheils etwa wie im nordgermanischen MIDGARD der Frühzeit, jenem »Gehöft« zwischen Himmel und Erde, MIDGARD-SCHLANGEN als Personifikation von Gefahr und verderblicher Macht das Anwesen umschleichen.

Zeugnisse der Prähistorie bekunden:
— Schlange (und Drache) haben mit der Erschaffung des Menschen zu tun
— Schlange (und Drache) stehen in Konnex mit den Sternen
— Die Schlange kann fliegen
— Die Schlange hat einen üblen und heißen Atem

Bisher fehlt in der archäologisch-ethnologischen Literatur eine profunde Untersuchung über den Ursprung der Schlange in Mythen und Legenden. Künftige können diese Lücke schließen. Ich stelle mein Archiv gern zur Verfügung.

Pater CRESPI hat Goldplatten zum Teil nach Motiven gestapelt, beispielsweise nach Pyramiden-Darstellungen. Über 40 sah ich mir genau an, einige davon sind in diesem Buch wiedergegeben. Vier Gemeinsamkeiten weisen *alle* Pyramiden-Gravüren auf:
— Über den Pyramiden steht jeweils eine, stehen meistens mehrere Sonnen
— Stets fliegen neben oder über den Pyramiden Schlangen
— Immer sind Tiere verschiedener Art dabei
— Bemerkenswert: rund um die Pyramiden sind doppelte Kreise gleicher Größe in verschiedener Zahl eingraviert. Ich zählte zwischen 9 und 78 Stück.

Diese »doppelten Kreise«, ein kräftiger Punkt in einem Zirkel, begegnen uns nicht nur hier in CUENCA, wir treffen auf sie in allen prähistorischen Höhlenmalereien und auf allen Reliefs. Bislang wurden und werden diese punktierten Kreise als Sonnensymbole interpretiert. Ich habe da meine Zweifel. Die Sonne (mit lachendem Gesicht oder im Strahlenkranz) hat ja stets *außerdem* ihren sicheren Platz, oft strahlen sogar mehrere Sonnen. Wenn Sonnen so unmißdeutbar abgebildet sind, sollte man doch überdenken, was die Kreise mitzuteilen haben. Vermerken sie die Zahl wahrgenommener Astronauten? Erinnern sie, etwa in der Nähe von Pyramiden, an die Zahl der darin beigesetzten fremden Götter? Oder markieren sie die Sequenz beobachteter Explosionen? Ich meine, daß die punktierten Kreise einer reinen Aufzählung dienen. Was ich meine, ließe sich grafisch nicht klarer darstellen, als es die Höhlenmalerei (Abb. 12) tut, die bei KIMBERLEY RANGES, AUSTRALIEN, entdeckt wurde: Der »Heiligenschein« des Gottes symbolisiert die Sonne, neben die Figur aber sind 62 Kreise gemalt. Sollen das etwa lauter kleine Sonnen sein? – Es gibt eine Fülle möglicher Fragestellungen, und jede Antwort scheint mir richtiger als die Behauptung, die punktierten Kreise wären, neben klaren Sonnendarstellungen, auch noch Sonnensymbole. *So* einfach haben es uns unsere vorzeitlichen Nachrichtenübermittler *nicht* gemacht.

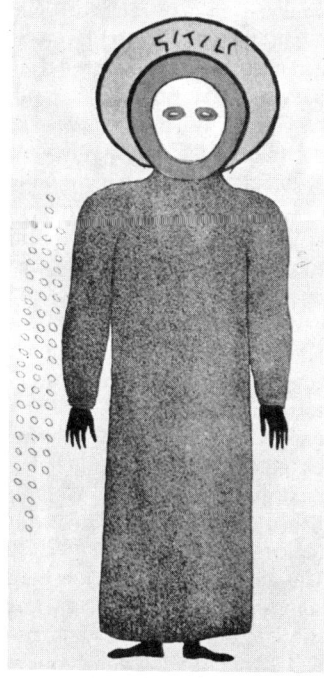

12 Höhlenmalerei eines Gottes, die bei Kimberley Ranges in Australien gefunden wurde. Niemand kann doch die 62 kleinen Kringeln ernsthaft als »Sonnen« interpretieren!

Und immer sind Tiere dabei! Einen einzigen Seitenhieb kann ich mir nicht verkneifen. Am Fuße der besonders exakt aus sauberen Quadern errichteten Pyramide stehen zwei reizende kleine Elefanten. Süß.

Man hat zwar in Nordamerika und Mexiko Elefantenknochen ausgebuddelt, sie aber auf älter als 12 000 Jahre v.d.Z. datiert. Zu Zeiten der Inkas jedoch, deren Kulturanfänge um 1200 n.d.Z. nachzuweisen sind, tauchen in ganz Südamerika keine Elefanten mehr auf. Es gab keine mehr. Das steht fest. Nun soll den Rebus lösen, wer kann: entweder hatten die Inkas begabten Besuch aus Afrika, der ihnen Elefanten neben die Pyramiden skizzierte, oder diese Goldplatten sind älter als 14 000 (12 000 + 2000) Jahre. Es gibt nur ein Entweder-Oder.

Die in Gold gestanzten Pyramiden aus dem Schatz des Paters scheinen mir eine Fehlinterpretation auszuräumen. Bisher wird die Ansicht behauptet, die Pyramiden in Südamerika wie die zentralamerikanischen Pyramiden der Maya wären ohne jeden Konnex zu den ägyptischen Pyramiden entstanden: hier seien die Kolossalbauten Grabstätten gewesen, dort lediglich großartige Konstruktionen, auf deren oberer Plattform Tempel erbaut wurden. Die Goldplatten hier zeigen in keinem einzigen Fall an der Spitze eine Abflachung und darauf einen Tempel! Es sind *dieselben* Pyramidenformen wie in Ägypten. Wer hat von wem kopiert? Wer baute zuerst Pyramiden, die Inkas oder die Ägypter? Postume Fälschungen können es nicht sein. Fälschern hätte mehr Gold zur Verfügung stehen müssen als es in Fort Knox liegt, sie hätten eine Garde von Künstlern beschäftigen müssen, die gründliche Kenntnisse der uralten Völker und ihrer Kulturen besaßen und außerdem hätten die grandiosen Fälschungen auch noch zu Inkazeiten, wann immer die waren, vorgenommen worden sein müssen.

Ich bin gespannt, mit welchem Dreh man den ungeheuerlichen Goldschatz von unschätzbarem archäologisch-historischem Wert, der hier erstmals beschrieben wird, »aus der Welt schaffen« wird, in die er nicht zu passen scheint. Könnte es sein, daß *alle* Pyramiden an *allen* Orten der Welt die nämlichen Chefkonstrukteure hatten?

Auf den abgebildeten Goldplastiken von CUENCA sind mehrfach Schriftzeichen zu erkennen. Sind sie älter als alle bisher bekannten Schriften?

Um 2000 v.d.Z. sollen aus der Kreuzung von ägyptischen und babylonischen Kultureinflüssen in Phönizien die Keilschrift, in Ägypten die Hieroglyphen entstanden sein. Aus beiden Schriftarten gemixt, soll etwa um 1700 v.d.Z. die vorisraelitische Bevölkerung Palästinas

13 Aus dem phönizischen Buchstabenalphabet mit 22 Zeichen sind alle Buchstabenalphabete der Welt hervorgegangen. Sagte man bisher.

eine vereinfachte Silbenschrift mit rund 100 Zeichen geschrieben haben. Daraus soll vor 1500 das phönizische Buchstabenalphabet (Abb. 13) mit 22 Zeichen entwickelt worden sein. Unter Hinzufügung oder Umdeutung von Zeichen stammen alle Buchstabenalphabete der Welt von dieser phönizischen Schrift ab! In zwei Varianten übernahmen um 1000 v.d.Z. die Griechen die phönizische Buchstabenschrift, ließen entbehrliche Konsonantenzeichen weg und nutzten sie für die Darstellung von Vokalen: so entstand die erste Lautschrift der Welt ...

Die gesamte einschlägige Wissenschaft behauptete seit Generationen, daß weder die präinkaischen Völker noch die Inkas selbst eine alphabetische Schrift gekannt hätten. Sie bewunderte die zivilisierten Leistungen der Indianer im Straßenbau und der Anlage von Wasserleitungen, den genauen Kalender, die Nacza-Kultur, die Bauten von Cuzco, den weit entwickelten Ackerbau, eine funktionierende (mündliche) Post und vieles mehr. Nur: eine Schrift gestand sie ihnen nicht zu.

Professor THOMAS BARTHEL, Direktor des Völkerkundlichen Instituts der Universität Tübingen, teilte auf dem 39. Internationalen Amerikanistenkongreß in Lima mit, daß es ihm gelungen sei, 400 Zeichen einer Inka-Schrift festzustellen, von denen er 50 sinngemäß deuten und 24 lesen könne. Es war keine alphabetische Schrift gemeint. Peruanische und deutsche Forscher sprachen von »bunten Mustern und Ornamenten«, denen sie Schriftcharakter zubilligten.

Eine wirkliche Bombe platzte im Januar 1972 auf dem Kongreß für andine Archäologie in Lima. Die peruanische Ethnologin Dr. VICTORIA DE LA JARA bewies mit Belegen ihrer zehnjährigen Forschungsarbeiten, daß die Inkas sehr wohl eine Schrift hatten! Die geometrischen Muster (Quadrate, Rechtecke, Rauten, Punkte, Striche etc.) auf Inka-Keramiken, Urnen und Zeichnungen sind nichts anderes als Schriftzeichen mit einfachen bis vertrackt komplizierten Inhalten; sie berichten Fakten aus der Geschichte, erzählen Mythen und beweisen, daß sich schon einige Inkas der schönen, aber brotlosen Kunst des Gedichtemachens hingaben. Elementgruppen bilden nach Komplementärfarben eine Grammatik. – Als Frau Dr. DE LA JARA ihren Vortrag beendete, bekam sie von den Wissenschaftlern donnernden Applaus.

Was werden Ethnologen sagen, wenn sie demnächst über den Schriftzeichen auf den Goldplatten in CUENCA grübeln? Ich kriege sicher keinen donnernden Applaus, sage es aber dennoch: die Schriften auf den Goldplatten, tief unter der Erde gefunden, werden sich als die ältesten Schriften der Welt erweisen! Und: hier haben Wissende Botschaften der Götter, technische Angaben und Tips für die Zukunft notiert!

Ich habe drei prähistorische Modelle von Flugzeugtypen modernster Bauart gesehen!

Das erste (Abb. 14) kann jeder, den es nach Columbien verschlägt, in der STATE BANK in BOGOTA ausgestellt sehen. Das zweite (Abb. s. Schutzumschlag) besitzt, natürlich, Pater CRESPI, und das dritte liegt noch 240 m unter der Erde in den Höhlen von JUAN MORICZ.

Über Jahrhunderte galt das Modell in BOGOTA den Archäologen als »religiöser Zierat«. Die Archäologen dauern mich: riens ne va plus, nichts geht mehr. Luftfahrtexperten haben sich das Ding angesehen und im Windkanal untersucht: sie halten es für ein Flugzeugmodell.

Dr. ARTHUR POYSLEE VOM AERONAUTICAL INSTITUTE, NEW YORK:

»Die Möglichkeit, daß der Gegenstand einen Fisch oder einen Vogel darstellen soll, ist höchst unwahrscheinlich. Nicht nur, daß dieses goldene Modell tief im Landesinneren Columbiens gefunden wurde und der Künstler nie einen Meerfisch zu Gesicht bekommen hat, sondern auch, weil man sich Vögel mit derartig präzisen Tragflächen und senkrecht hochgestellten Spannflossen nicht vorstellen kann.«

Das Vorderteil ist klobig wie bei der schwersten US-Maschine B 52. Direkt hinter dem luftstürmenden Bug liegt, abgeschirmt durch eine Windschutzwand, die Pilotenkanzel. Der Flugzeugrumpf, schwanger von den dort eingebauten Antriebsaggregaten, ruht in aerodynamischer Symmetrie auf zwei abgerundeten Tragflächen. (Das Modell in

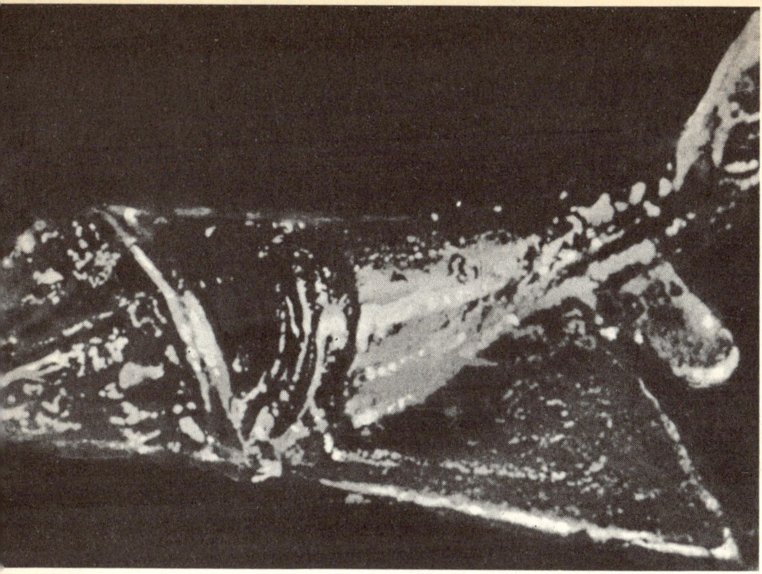

14 Dieses goldene *Concorde-Modell* steht in der State Bank, Bogota. Sie läßt sich in keinen Fisch-Vogel-Kult »einbauen« – es gab keinen!

15 Diese technischen Ergänzungen der *Concorde* nahm das Aeronautical Institute, New York, nach genauen Prüfungen im Windkanal vor.

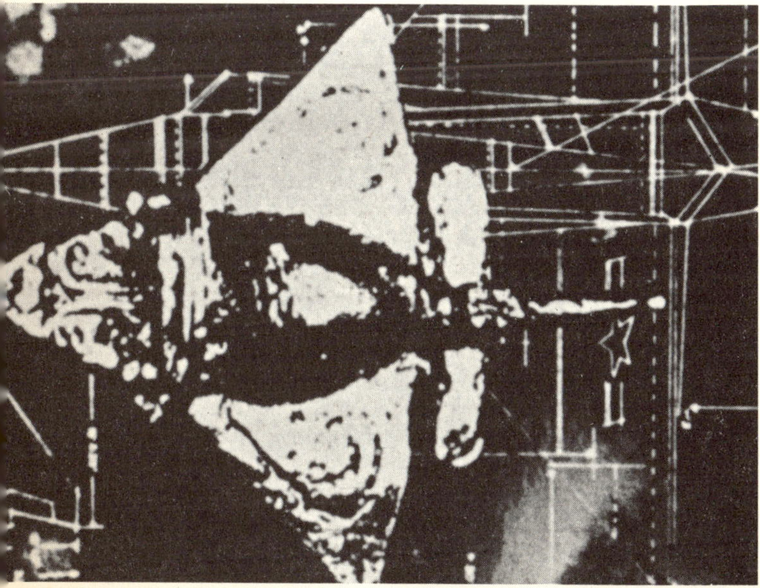

BOGOTA hat zwei deltaförmige Tragflächen wie die CONCORDE, und es läuft, wie diese, in eine spitze Nase zu.) Zwei Stabilisatorenflossen und der aufgestellte Steuerschwanz vollenden das Inka-Flugzeugmodell (Abb. 15).
Wer hat den traurig-phantasielosen Mut, mit Vögeln oder fliegenden Fischen an diesen Flugzeugmodellen herumzudeuteln?

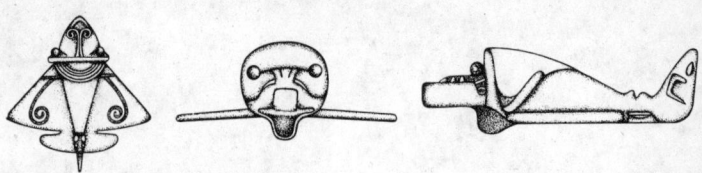

Mit diesen Zeichnungen ergänzten die Konstrukteure den »religiösen Zierat« der Archäologen im Aeronautical Institute in New York!

Gold war zu allen Zeiten ein seltenes und deshalb kostbares Metall, in Tempeln und Königspalästen war es zu finden. Wenn schon ein Objekt in Gold gegossen wurde, dann doch wohl, weil es a) sehr wichtig als Gegenstand war, b) weil es für unbestimmte Zeiten erhalten werden sollte und c) darum in einem Material gefertigt wurde, das weder rostete noch korrodierte. – Außerdem gab es keinen Fisch-Vogel-Kult, dem man, wenn schon, diese Modelle unterschieben könnte.
In der kosmologischen Schatzkammer von MARIA AUXILIADORA leuchtet eine massive Goldkugel (Abb. 1 F), die von einem breiten Rand eingefaßt ist. – Um albernen Einreden zuvorzukommen: das ist keine plastische Darstellung eines Hutes mit Krempe. Hüte haben allemal, auch für die dümmsten Köpfe, eine hohle Wölbung, in die erlauchte Häupter hineinpassen.
In ZURÜCK ZU DEN STERNEN habe ich – unwidersprochen – meine Ansicht begründet, warum ich die Kugel für die ideale Form von Raumschiffen oder Raumstationen halte: der Kugelkörper rotiert im freien Raum; dadurch entsteht für die Besatzung in den Kabinen am Rande des größten Durchmessers eine künstliche Schwerkraft, wie sie bei Langzeitreisen für den Metabolismus der Organe notwendig ist. Die Goldkugel stützt neuerlich meine Vermutung, daß die Kugel schon in Urzeiten die Form von Himmelsfahrzeugen war.

16 Die Matrize, das Negativ, zur goldenen Raumkugel von Cuenca liegt ▷ im Türkischen Museum in Istanbul!

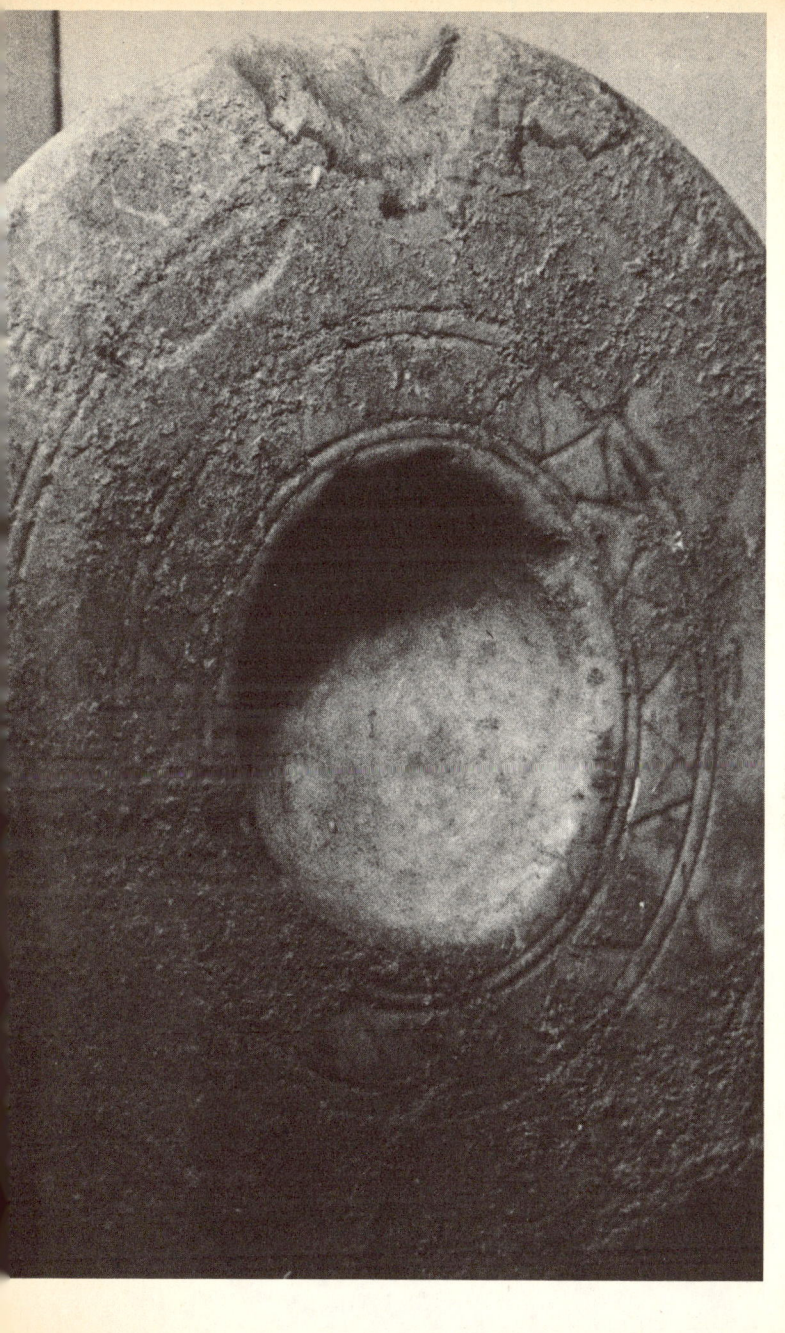

Die breite Krempe muß nicht nur Andockkrampe für Zubringerschiffe, sie kann zugleich der in Zellen unterteilte Speicherraum für Sonnenenergie gewesen sein. Der technisch-spekulativen Phantasie sind keine Grenzen gesetzt.

Wissen möchte ich allerdings, wie die Matrize (Abb. 16) dieser Goldkugel in die 12000 km von Ecuador entfernte Türkei kam! Der dort gemachte Fund befindet sich, in Stein gemeißelt, im TÜRKISCHEN MUSEUM, ISTANBUL. Das ist das Negativ zur goldenen Kugel im Schatz von Pater CRESPI: dieselbe Kugel, dieselben Zackenmuster auf dem umlaufenden Rand. Unter der Steinmatrize im ersten Stock des Museums in Istanbul steht: »Nicht klassifizierbar.« — Solange die Wissenschaft es ablehnt, in ihre Kombinationen den Gedanken aufzunehmen, daß Fluggeräte schon in prähistorischer Zeit größte Distanzen zwischen den Kontinenten und über Meere hinweg überwinden konnten, solange wird es im Elfenbeinturm tiefgekühlter Vorurteile unlösbare Rätsel geben.

Man darf nicht sagen, Wissenschaftler hätten keine Phantasie, die Resultate müssen lediglich ins Klischee passen.

In CUENCA fotografierte ich eine Goldplastik von 52 cm Höhe mit der Darstellung eines Wesens von normalen menschlichen Proportionen (Abb. 6F). Außergewöhnlich an ihm ist, daß es an jeder Hand wie an jedem Fuß nur jeweils vier Finger bzw. Zehen hat. Um es genau zu nehmen: im alten Indien, bei den Maori, bei den Etruskern und anderswo sind Götterdarstellungen zu finden, die nicht alle Gliedmaßen beisammen haben.

Las ich doch in einer ernsthaften wissenschaftlichen Publikation, wie einfach des Rätsels Lösung ist: Zehen und Finger sollen eine Art von Rechenmaschine gewesen sein. Hätte man die Zahl »19« ausdrücken wollen, habe man einen Finger oder einen Zeh weggelassen. Dieser »wissenschaftlichen« Phantasie folgend, stellte man die Zahl »16« folgerichtig in Wesen mit je vier Zehen und je vier Fingern = »16« dar! Diese einfältige Zählmethode scheint mir eines Volkes, das Straßen und Festungen und Städte baute, unwürdig zu sein.

Warum, bei den Göttern aller Sterne, haben die klugen Inkas einen ganzen Menschen mit Händen und Füßen produzieren müssen, um auf derart törichte Weise etwa die Zahl »4« zu demonstrieren? Die so schrecklich seriöse Wissenschaft verfängt sich im Netz ihrer eigenen Phantasie: immerhin gibt sie zu, daß die Inkas *zählen* konnten, aber sie traut ihnen *nicht* zu, daß sie eine »4« mit vier Strichen oder vier Punkten darzustellen vermochten. Dafür mußten sie Finger und Zehen kupieren. O sancta simplicitas!

Was die um zwei Finger und zwei Zehen reduzierte Figur aus

CUENCA angeht, verfängt die allzu menschliche Zählerei mit Händen und Füßen ohnehin nicht, es handelt sich nämlich – so Pater CRESPI – um eine Darstellung der »Gottheit des Sterns«. Rechtshändig weist der liebe Sonnengott eine Tierkombination aus Flußpferdchen, Papagei und Schlange vor – linkshändig einen Stab, den oben seine Insignie, die lachende Sonne, und unten ein Schlangenkopf ziert. Aus dem vergnügten Gesicht sprießen Sternenzacken, die auch seine beiden Kollegen aus den Höhlen im australischen Busch, die beiden »Schöpferwesen« (Abb. 17), vorweisen können; die tragen allerdings einen Overall mit breiten Gurten um die Brust.

Irgendwann, vermutlich nach der Entschlüsselung der Metallbibliothek, wird sich ergeben, daß es sich bei den Wesen mit anatomisch unkorrekten Gliedmaßen um bildliche Darstellungen mündlich überlieferter Beschreibungen von Erscheinungen aus dem All, die »anders«

17 Diese lustigen mythischen Gestalten, Ureinwohner Australiens, die »zwei Schöpferwesen« genannt, tragen gleiche Sternenzacken wie die »Gottheit des Sterns«, die als Rechenmaschine »verkauft« wird.

waren, handelt.

Das Meisterwerk eines Dürer, Degas oder Picasso der Inkas stellt eine Goldplatte von 98 × 48 × 3 cm dar. Man mag dieses Werk noch so lange betrachten, man macht immer neue Entdeckungen. Ich notiere, was ich fand:

einen Stern – ein Wesen mit dickem Bauch und Schlangenschwanz – ein rattenähnliches Tier – einen Menschen im Panzerhemd, an das ein Helm angeschlossen ist – eine dreieckige Figur mit durchlöchertem Bauch – eine Figur mit dreieckigem Kopf, aus dem Strahlen sprießen – zwei Gesichter – ein Rad, aus dem ein Gesicht späht – Vögel – Schlangen, behaarte und unbehaarte Köpfe – ein Gesicht, das aus einem anderen herauswächst – eine Schlange mit Gesicht – ein doppelter Kreis mit Gesicht. Ein Chaos! Ausgespart im turbulenten Wirrwarr: zwei kräftige Goldscharniere, die ein Gesicht über einer fallenden *Bombe* hervorheben! (Abb. 7 F)

Was will der Künstler mitteilen?

Ist sein Werk ein Pandämonium?

Verewigt es den Moment der Vernichtung des irdischen Chaos durch den Gott der Sterne?

Der winzige Teil der Metallschätze aus dem Hof der Marienkirche in CUENCA, die ich zeige, ist ein noch winzigerer Teil der Kostbarkeiten, die ungehoben in den Höhlen des JUAN MORICZ ruhen, eine Orgie der Menschheitsgeschichte in Gold.

Was wollen, was sollen die Goldarbeiten der Inkas? Sind es nur primitive, teure Spielereien?

Sind es in Wahrheit samt und sonders Botschaften aus einer sehr frühen Zeit, die wir nicht enträtseln können? Professor MILOSLAV STINGL ist der führende Amerikanist der Länder des Ostblocks; er promovierte über die alten Kulturen Amerikas; heute ist er Mitglied der Akademie der Wissenschaften in PRAG, Autor archäologischer und ethnologischer Werke; sein Buch »In versunkenen Mayastädten« (1971) hat hohen Rang. – Professor Stingl, der Gast in meinem Hause war, sah die Aufnahmen, die ich in CUENCA machte.

»Wenn diese Bilder echt sind, und alles spricht dafür, daß sie echt sind, weil man auf Gold keine Fälschungen macht, noch dazu in solchen Mengen, dann ist dies die größte archäologische Sensation seit der Entdeckung Trojas! Ich selbst habe vor Jahren noch die Ansicht bekräftigt, daß den Inkas keine Schrift in alphabetischem Sinne bekannt war. Und nun stehe ich vor einer Inkaschrift! Es muß eine sehr, sehr alte Schrift sein, denn man erkennt Übergänge vom Ideogramm zur Schrift.«

»Wie beurteilen Sie die Gravüren, wie ordnen Sie sie in das bisherige System ein?«

»Um eine exakte wissenschaftliche Stellungnahme abgeben zu können, müßte ich jede Platte gründlich und lange untersuchen, jede mit bereits vorhandenem Material vergleichen. Ich kann zur Stunde nur sagen: ich bin überwältigt! Auf den bisher bekannten Inkagravüren war wohl die Sonne oft Bestandteil einer Szenerie, doch niemals war – wie ich es auf diesen Fotos wiederholt sehe – der Mensch selbst der Sonne gleich: da sind Darstellungen von Menschen mit Sonnenstrahlen um die Köpfe, ja, da sind Darstellungen von Menschen mit Sternenzacken um die Häupter. Die Symbolik für die ›heilige Kraft‹ war stets der Kopf. Auf diesen Bildern aber ist der Kopf gleichzeitig Sonne oder Stern! Das weist auf neue, direkte Zusammenhänge hin.«

»Welche Deutung würden Sie der ›Bombe‹ auf der Prunkplatte geben?«

Der berühmte Mann holte eine Lupe hervor und betrachtete lange Zeit stumm die Fotografie. Fast ärgerlich sagte er:

»Eine Deutung ist unmöglich, das hier ist alles ganz neu! Totemistisch erklärt, würde ich sagen, die strahlenden Wesen mit den Sternen oben, die Schlangensymbole unten, deuten auf eine Verbundenheit von Himmel und Erde hin.

Und das heißt, daß die Sternenwesen und Sonnen in einem Zusammenhang mit den Erdbewohnern gestanden haben.«

»Und sonst?«

»Nicht zu deuten! Bekannt ist lediglich das Sonnenrad, aber hier steht ja nicht einmal fest, ob es sich um ein Sonnenrad handelt, denn mittendrin ist ja, höchst widersprüchlich, ein Gesicht. Jedenfalls scheinen alle Figuren, Vögel, Schlangen, behelmte Wesen und was da sonst alles auszumachen ist, aus einer Traumwelt, aus der Mythologie zu stammen . . .«

»Eine Mythologie, die täglich einen greifbareren und realistischeren Background kriegt!«

»Ich muß schon sagen«, sagte der Professor, »Sie haben Argumente in Ihrem Zusammensetzspiel, die selbst einen alten Fuchs wie mich stutzig machen und nachdenklich stimmen.«

Wer wird Höhlen und Schätze unter ECUADOR erforschen, wer wird die sensationellen archäologische Entdeckung ins klärende Licht wissenschaftlicher Forschung heben? Ein Mann vom Reichtum Heinrich Schliemanns, der Troja und Mykene freilegte, ist nicht in Sicht. Als MORICZ das Tunnelsystem entdeckte, war er arm wie eine Kirchenmaus. Seitdem fand er Eisen- und Silberminen, deren Ausbeutungslizenz er an Eisenhütten vergeben hat, er ist zu leidlichem Wohlstand gekommen, den er bei anspruchslosester Lebensweise ausschließlich für seine Forschungsarbeiten nutzt. Aber JUAN MORICZ ist nicht so reich, daß er seine Arbeit in der gebotenen zügigen Weise fortführen und versierte Hilfskräfte engagieren könnte. Er weiß, daß er *sofort* Hilfe von Spekulanten, von Golddiggern wie im Wilden Westen haben könnte: er müßte ihnen nur *Teile* der verlockenden Goldmengen in den Höhlen unter Ecuador zeigen. Diese Art von Hilfe will er nicht, sie würde in Plünderung ausarten und der Menschheit nicht helfen. Das ist der Grund, warum es schwierig ist, eine uneigennützige, nur der Forschung dienende Expedition zusammenzustellen. Schon 1969, als MORICZ Gäste einlud, ließ er die Gruppe von einigen bewaffneten Beschützern begleiten. Je tiefer sie in das Labyrinth vorgedrungen seien, erzählen MORICZ und PEÑA, um so kritischer und gereizter wäre die Stimmung geworden, und zuletzt habe die Gruppe Angst vor den Beschützern gehabt, die das Goldfieber, der Goldrausch gepackt habe. Man mußte umkehren.

Warum tut ECUADOR nichts zur Bergung, zur Förderung einer wissenschaftlichen Expedition, die dem Land zum Ruhm gereichen würde? ECUADOR mit seinen fünf Millionen Einwohnern gehört zu den ärmsten Ländern Südamerikas. Der Plantagenbau von Kakao, Bananen, Tabak, Reis und Zuckerrohr bringt nicht genug Devisen für den Ankauf moderner technischer Geräte. Der indianische Landbau im Hochland erzeugt Kartoffeln und Getreide, hat etwas Schaf- und Lamazucht. Der früher in den östlichen Wäldern gewonnene Wildkautschuk ist nicht mehr gefragt. Vielleicht bringt der staatlich geförderte Abbau von Bodenschätzen (Gold, Silber, Kupfer, Blei, Mangan) in kommenden Jahren einigen Gewinn oder auch das Erdöl, das man vor der Küste fand. Noch aber wird aller Ertrag vorrangig gebraucht, um die elende Armut zu mildern, noch hat man keinen Sinn für Aufgaben, die nicht dazu dienen, den Hunger zu bezwingen.

JUAN MORICZ schätzt, daß allein eine Inspektion des Tunnelsystems, ohne Detailforschungen, mehr als eine Million Schweizer Franken kosten würde: eine Elektrizitätsstation muß installiert werden, zentrale Lager für Geräte und Verpflegung sind anzulegen, Sicherungsvorkehrungen müssen getroffen werden, zum Teil wird bergbaumäßiger Vortrieb notwendig sein.

In genauer Kenntnis dieser ungehobenen Schätze der Menschheitsgeschichte postuliere ich erneut die Forderung, die 1968 in ERINNERUNGEN AN DIE ZUKUNFT niederschrieb:

»Ein utopisch-archäologisches Jahr ist fällig! In diesem einen Jahr hätten sich Archäologen, Physiker, Chemiker, Geologen, Metallurgen und alle korrespondierenden Zweige dieser Wissenschaften mit der einzigen Frage zu beschäftigen: erhielten unsere Vorfahren Besuch aus dem Weltall?«

Damit kein Mensch und keine Institution sagen kann, man könne nicht auf die Suche nach unbekannten geheimnisvollen Höhlen gehen, soll hier die Besuchskarte von Rechtsanwalt PEÑA abgebildet sein, der jedem seriösen Forscher Kontakt zu JUAN MORICZ herstellt:

Gerardo *Peña* *Matheus*

DOCTOR EN JURISPRUDENCIA

ABOGADO

9 de Octubre 127 5o. piso   Teléfonos
Casilla 67   5-13707
Guayaquil—Ecuador

---

18 Rechtsanwalt Peña vermittelt jedem seriösen Forscher den Weg zu Juan Moricz! Die Höhlen unter Ecuador verlangen exakte Forschung!

Benachbart, in den Anden von PERU, entdeckte der spanische Hauptmann FRANCISCO PIZARRO (1478–1541) auf dem Berg der Inkas HUASCARAN, 6768 m ü. d. M., Höhleneingänge, die mit Felsplatten verschlossen waren. Die Spanier vermuteten dahinter Vorratskammern.

Erst im Jahre 1971 erinnerten sich Höhlenforscher wieder dieser Inkagrotten. Die Zeitschrift BILD DER WISSENSCHAFT berichtete über die mit allen technischen Hilfsmitteln (Seilwinden, Elektrokabel, Berglampen, Sauerstofflaschen) ausgerüstete Expedition, die in der Nähe der peruanischen Ortschaft OTUZCO einstieg. – 62 m unter der Erde machten die Wissenschaftler eine verblüffende Entdeckung: am Ende mehrstöckiger Höhlen standen sie plötzlich vor Schottentüren aus riesigen Felsplatten: acht Meter hoch, fünf Meter breit, zweieinhalb Meter dick. Trotz des ungeheuren Gewichts konnten vier Männer, die sich dagegenstemmten, die Türen drehen: sie liegen auf Steinkugeln in einem Wassertropfbett.

BILD DER WISSENSCHAFT berichtet:

41

»*Hinter den ›sechs Türen‹ beginnen mächtige Tunnelbauten, die sogar moderne Tiefbautechniker vor Neid erblassen lassen. Diese Tunnels führen, teils mit einem Gefälle von 14 Prozent, schräg unterirdisch der Küste entgegen. Der Boden ist mit genarbten und quergeriffelten Steinplatten ausgelegt und rutschsicher. Ist es heute ein Abenteuer, in diesen 90 bis 105 Kilometer langen Transporttunnel in Richtung Küste vorzudringen und dabei schließlich ein Niveau von 25 Meter unter dem Meeresspiegel zu erreichen, was muß es erst damals, im 14. und 15. Jahrhundert, für Schwierigkeiten mit sich gebracht haben, tief unter den Anden Güter abzutransportieren, um sie dem Zugriff Pizarros und des spanischen Vizekönigs zu entziehen! Am Ende der unterirdischen Gänge ›von Guanape‹, so benannt nach der Insel, die hier vor der Küste Perus liegt, weil angenommen wird, daß diese Gänge einst unter dem Meer zur Insel führen sollten, lauert der Große Ozean. Nachdem die Gänge in tiefer Bergfinsternis mehrmals empor- und hinabgeführt haben, dringt ein Rauschen und eine merkwürdig hohl klingende Brandung ans Ohr. Im Licht der Scheinwerfer endet das nächste Gefälle am Rande einer pechschwarzen Flut, die als Meerwasser identifiziert wird. Hier beginnt unterirdisch auch die heutige Küste. War das früher anders?*«

Die Wissenschaftler halten eine Suche auf der Insel GUANAPE für sinnlos, weil dort nichts darauf hindeutet, daß irgendwo jemals ein Gang vom Festland ans Tageslicht gekommen sei. »Niemand weiß, wo diese unterirdischen Straßen der Inkas und ihrer Vorfahren enden und ob sie vielleicht den Weg zu gefüllten Schatzkammern längst versunkener Welten öffnen.«

Goldschätze witterten schon FRANCISCO PIZARRO und sein räuberisches Gefolge in unauffindbaren Verstecken der Inkas. 1532 versprach der edle Spanier dem Inkaherrscher ATAHUALPA Leben und Freiheit, falls er zwei Drittel eines Raumes (7 × 5 × 3 m) mit Gold füllen ließe. ATAHUALPA vertraute dem Wort des Sendboten Ihrer Christlichen Majestät JOHANNA, der Wahnsinnigen (1479–1555). Tag um Tag schleppten die Inkas Gold herbei, bis das Zimmer bis zur vorgeschriebenen Höhe angefüllt war. Dann brach PIZARRO das gegebene Wort, er ließ ATAHUALPA (1533) hinrichten.

Im gleichen Jahr erhob der spanische Statthalter den Inka MANCO CAPAC zum Schattenkönig. (Auch er wurde 1544 von den christlichen Eroberern ermordet.) Mit diesem MANCO CAPAC endete die Inkadynastie, die mit ihrem legendären Begründer gleichen Namens in die Geschichte eingetreten war. Zwischen dem ersten und dem letzten

MANCO CAPAC sollen, wie Historiker feststellten, 13 »Söhne der
Sonne«, Sonnenkönige, das Inkareich regiert haben. Setzt man den
historisch gesicherten Beginn auf die Zeit um 1200 n.d.Z. an und
setzt das Ende mit 1544, dem Todesjahr des letzten Sonnenkönigs,
dann hätte dieses gewaltige Reich von CHILE bis ECUADOR, von den
ANDEN nördlich QUITO bis südlich VALPARAISO in knapp 350 Jahren
aufgebaut worden sein müssen. In diesem Zeitraum also hätte das
erste vorkolumbianische Imperium Südamerikas ineinander gefügt
werden müssen; die unterworfenen Länder und Völker wurden nämlich nicht als Besatzungszonen gehalten, sie wurden in die herr-
schende Staatsverfassung integriert; fortschrittliche Errungenschaften im Landbau wurden durch geschulte Beamte ebenso vermittelt
wie die glänzend funktionierenden Regeln einer gemeinwirtschaft-
lichen Ordnung.
Legten die Inkas im gleichen Zeitraum ein Netz von 4000 km gut
ausgebauter Straßen mit Rasthäusern an? Erbauten sie zugleich
Städte wie CUZCO, TIAHUANACO, MACCHU-PICCHU, die Zyklopen-
festungen OLIANTAYTAMBO und SACSAYHUAMAN? Legten sie neben-
bei Wasserleitungen an und betrieben Bergbau auf Silber-, Zinn- und
Kupferminen, deren Förderungen sie zu Bronze legierten? Entwickelten sie »mit der linken Hand« noch die Goldschmiedekunst, webten
feinste Stoffe und töpferten edle Formen? Von der hohen Kultur, die
sie außerdem während der limitierten 350 Jahre züchteten, wagt man
gar nicht mehr zu sprechen. Und wenn es nicht die Inkas, sondern
ihre Vorfahren waren, welche die Glanzleistungen vollbrachten, müßten dann die präinkaischen Völker in ihrer Kultur und ihrer Werk-
zeugtechnik nicht höher gestanden haben als die nachfolgenden
Inkas?
Wenn aber die gleichen Inkas auch noch die Tunnelsysteme unter
ECUADOR und PERU in die Felsen geschlagen, gesprengt, gebohrt, gemeißelt haben sollen, dann war dies Reich mit seinen Bürgern die
ungeheuerste technische, kulturelle und künstlerische Weltmacht
aller Zeiten!
Nein, so kann man die Chronologie nicht blind zusammenkleistern,
weil jeder andere Gedanke die willkürliche (Re-)Konstruktion aus
den Angeln heben würde.

Ich behaupte:
Die Tunnelsysteme gab es schon Jahrtausende, bevor das Inkareich
entstand. (Wie und womit hätten Inkas Hunderte von Kilometern
Tunnelgänge tief unter der Erde schaffen sollen? Der Autobahn-
tunnel unter dem Ärmelkanal wird von Ingenieuren unseres hoch-

technischen Jahrhunderts seit 50 Jahren geplant, und noch ist man sich nicht klar, mit welcher Methode dieser – vergleichsweise popelige – Kanal gebaut werden soll!)

Ich behaupte:
Führenden Inkaschichten waren die uralten Tunnelsysteme bekannt. (Nach dem Mord an ATAHUALPA ließ der letzte MANCO CAPAC die in den Sonnentempeln über das ganze Reich verstreuten Goldschätze einsammeln und in den *vorhandenen* und ihm *bekannten* Höhlen deponieren, um sie vor den weißen Eindringlingen in Sicherheit zu bringen.)

Ich behaupte:
Die Goldschätze unter ECUADOR und PERU stammen aus einer Zeit, die weit vor dem Entstehen des Inkareiches und seiner Kultur liegt. – Um 1570 fahndete der spanische Chronist Pater CHRISTOBAL DE MOLINA nach den Motiven für den Grottenbau der Inkas. In seinem 1572 verfaßten Buch RITOS Y FABULOS DE LOS INCAS übermittelte MOLINA, der Urvater der Menschheit habe sich nach getaner Arbeit, nachdem die Schöpfung vollzogen war, in eine Höhle zurückgezogen. Dieses geheime Retiro aber sei die Geburtsstätte vieler Völker gewesen, die daraus aus einer »endlosen Nacht« hervorgetreten wären. Zugleich seien, überlieferte MOLINA, diese Höhlen über Söhne und Enkel fort auch Tresore für die Reichtümer der Völker gewesen, die je in Bedrängnis gerieten. Ehernes und tödlich geahndetes Gesetz sei die vollkommene Geheimhaltung im Kreise derer, die von der Höhle wußten, gewesen. (Wie sehr dieses traditionsreiche Gesetz noch heute virulent ist, habe ich auf meiner Reise durch ECUADOR im Jahre des Heils 1972 erfahren dürfen!)

Kronzeuge für die vorchristliche Herkunft der Goldschätze möge der vatikanische Gralshüter Pater CRESPI in CUENCA sein. Er sagte mir:
»Was die Indianer mir aus den Tunnels hervorholten, stammt alles aus Zeiten vor Christus! Die meisten Goldsymbole und vorgeschichtlichen Darstellungen sind älter als die Sintflut.«

In den Höhlen und Sälen unter ECUADOR und PERU sind Schätze dreifach zu heben:

1. Das unergründliche Erbe der Erbauer der Tunnelsysteme
2. Die Steinmetzarbeiten der ersten intelligenten Menschen, die vermutlich Schüler der Tunnelkonstrukteure waren
3. Die Gold- und Silberschätze der Inkas, die hier nach 1532 vor den spanischen Konquistadoren versteckt wurden

Die Frage der Fragen aber ist:
Warum wurden die Höhlen gebaut?

Kriege im Universum — Texthinweise auf Götterschlachten — Unterlegene flohen in einem Raumschiff — Fluchtort: unser blauer Planet — Wie viele Sterne mit intelligentem Leben gibt es? — Wo entstand erstes Leben? — Die Vermutung des Lord Kelvin — Gleichen fremde Intelligenzen dem Homo sapiens? — Hatten fremde Kosmonauten eine fortschrittlichere Technik als unsere Gegenwart? — Technische Planung in den Tunnelsystemen — Es gibt nur einen Schöpfungsmythos — Amerikas Wissenschaftler rechnen mit intelligenten außerirdischen Zivilisationen — Das Gerede von der »Ersatzreligion«

Das ist jetzt fast 30 Jahre her und geschah so in der zweiten Klasse der Primarschule in Schaffhausen. Damals hörten wir kleinen Buben aus dem Munde unseres Religionslehrers zum erstenmal, daß im Himmel ein Kampf stattgefunden habe: da wäre eines Tages der Erzengel Luzifer vor Gott, den Herrn, getreten und habe erklärt: »Wir dienen Dir nicht mehr!«; daraufhin habe Gott dem starken Erzengel Gabriel befohlen, Luzifer und die Aufsässigen mit dem Flammenschwert zu vernichten.

Heute weiß ich, daß es im Alten Testament keinen Luzifer gibt. Das wäre auch unmöglich, denn die sagenumwobene Gestalt des MOSES, in der die Autoren des Alten Testaments subsumiert werden, soll um 1225 v.d.Z. gelebt haben, LUZIFER aber kommt aus dem Lateinischen, und diese Sprache wird nach frühestens 240 v.d.Z. datiert. Lucem fere (= Luzifer) bedeutet Lichtbringer, Lichtmacher, Lichtträger. Lustig, daß im katholischen Religionsunterricht der schurkische Teufel ausgerechnet als Lichtbringer vorgeführt wird.

Aber das Alte Testament weiß Genaues über einen Kampf im Himmel.

Von dem judäischen Propheten JESAJA (740–701 v.d.Z.) sind im Alten Testament Schilderungen von Begebenheiten und Weissagungen, soweit sie erhalten blieben, in den Kapiteln 1 bis 35 nachzulesen. In Kapitel 14, Vers 12, steht:

Wie bist Du vom Himmel gefallen, Du strahlender Morgenstern! Wie bist Du zu Boden geschmettert, Du Besiegter der Völker! Du hattest bei Dir gesprochen: »Zum Himmel empor will ich steigen, hoch über den Sternen Gottes meinen Sitz aufrichten, ich will thronen auf dem Götterberg . . .«

Aber auch beim Apokalyptiker JOHANNES lesen wir in den Offenbarungen des Neuen Testaments im 12. Kapitel, Vers 7, ziemlich eindeutige Hinweise auf Kämpfe im Himmel:
Und es entstand Krieg im Himmel, so daß Michael und seine Engel Krieg führten mit dem Drachen. Und der Drache führte Krieg und seine Engel; und sie vermochten nicht standzuhalten, und eine Stätte für sie war im Himmel nicht mehr zu finden.

Von Kriegen und Kämpfen im Himmel ist in vielen Urzeugnissen der Menschheit die Rede. − In tibetanischen Krypten wurde über Jahrtausende das Buch von Dzyan, eine Geheimlehre, gehütet. Der ursprüngliche Text (von dem nicht bekannt ist, ob es ihn noch irgendwo gibt) wurde von Generation zu Generation kopiert und durch neue Berichte und Erkenntnisse der Eingeweihten ergänzt. Erhaltene Teile des Buches von Dzyan schwirren auf Tausenden von ins Sanskrit übersetzten Texten durch die Welt, und Kenner behaupten, dieses Buch enthalte die über Millionen Jahre reichende Entwicklung der Menschheit. In der sechsten Strophe des Buches von Dzyan heißt es: In der Vierten (Welt) wird den Söhnen befohlen, ihre Ebenbilder zu schaffen. Ein Drittel weigert sich, zwei gehorchen. Der Fluch ist ausgesprochen . . . Die älteren Räder drehen sich hinab und hinauf. Der Mutterlaich erfüllte das Ganze. *Es fanden Kämpfe statt zwischen den Schöpfern und den Zerstörern, und Kämpfe um den Raum;* der Same erschien und erschien beständig von neuem. Mache Deine Berechnungen, Lanoo, wenn Du das wahre Alter Deines Rades erfahren willst . . .

Im »Ägyptischen Totenbuch«, jener Sammlung von Texten, die Anweisungen für das Verhalten im Jenseits enthielten, die man darum den mumifizierten Toten ins Grab legte, kämpft *Ra,* der mächtige Sonnengott, mit *den abtrünnigen Kindern im Weltall,* denn Ra habe das *Welten-Ei* niemals während des Kampfes verlassen. − Der römische Dichter *Ovid* (43 v.d.Z. bis 17 n.d.Z.) wurde der Nachwelt verständlicherweise mit seiner *ars amandi* bekannter als mit seiner Sammlung mythologischer Epen, den *Metamorphosen;* in eben diesen »Verwandlungen« berichtet Ovid von *Phaëton* (= der Leuchtende), der von seinem Vater, dem Sonnengott *Helios,* einmal die Erlaubnis erhielt, den *Sonnenwagen* lenken zu dürfen; Paëton konnte den Sonnenwagen nicht steuern, stürzte ab und steckte die Erde in Brand. − In der griechischen Mythologie spielen die 12 Kinder des *Uranos* (= der personifizierte Himmel) und der *Gäa* (= die personifizierte Erde) eine große Rolle; es waren schreckliche Kinder, diese

12 *Titanen*, die sich mit ihren ungestümen Kräften gegen eine geregelte Weltenordnung auflehnten, gegen Zeus, den König der Götter, aufbegehrten und den Olymp, die Heimstatt der Götter, angriffen. – *Hesiod* (um 700 v.d.Z.), älterer griechischer Kollege Ovids, der in seiner *Theogonie* über die Abstammung der Götter und die Entstehung der Welt berichtete, weiß vom Titanen *Prometheus*, daß er nach heftigen Auseinandersetzungen mit *Zeus* den Menschen das Feuer vom Himmel brachte. – Zeus selbst mußte nach mörderischem Kampf die Weltherrschaft mit seinen Brüdern *Poseidon* und *Hades* teilen. Zwar durch seinen Namen als *Lichtgott* ausgewiesen, schildert ihn *Homer* (etwa 800 v.d.Z.) doch als Wolkenballer, Donnergewaltigen und Streitsüchtigen, der in Auseinandersetzungen mit dem Gegner ganz unzimperlich mit Blitzen hineinfährt und so die Kämpfe für sich entscheidet. – Der *Blitz* als Waffe taucht auch in den *Maori-Legenden* der Südsee auf: sie erzählen von einer Rebellion, die im Himmel ausgebrochen sei, nachdem *Tane* die Sterne geordnet habe; die Legende nennt die Rebellen, die Tane nicht mehr zu folgen gewillt waren, sogar beim Namen; dann aber sei Tane mit einem Blitz dazwischengefahren, habe die Aufständischen besiegt und *auf die Erde geworfen*, und seitdem kämpfe auf der Erde Mann gegen Mann, Volk gegen Volk, Tier gegen Tier, Fisch gegen Fisch. – Dem Gott *Hinuno* geht es in der Sage der nordamerikanischen *Payute-Indianer* nicht besser: nachdem er Streit mit den Göttern begonnen hatte, wurde er *aus dem Himmel* verstoßen.

Die »Internationale Akademie für Sanskrit-Forschung« in Mysore, Indien, hatte den Mut, in einem Sanskrit-Text des Maharshi Bharadwaja, einem Seher der Frühzeit, traditionelle Übersetzungsvokabeln durch Worte aus unserer modernen Begriffswelt zu ersetzen. Das Resultat war verblüffend: die uralten Legenden wurden zur perfekten technischen Berichterstattung! (ZURÜCK ZU DEN STERNEN, S. 224 ff.). Wende ich behutsam das gleiche Verfahren an und ersetze lediglich das Wort »Himmel« durch den modernen Begriff »Weltall«, dann sind die Legenden und Mythen von den Kämpfen der Götter im Himmel im Handumdrehen Berichte von gigantischen Schlachten im Weltall zwischen zwei verfeindeten Parteien. Im Kinderhimmel der Religionen fanden freilich keine Kriege statt, dort gab und gibt es nur den einen und einzigen gütigen allwissenden Gott.

Im Alten Testament wird aber nicht nur von einem Gott, es wird von mehreren Göttern gesprochen:

Lasset *uns* Menschen machen, ein Bild, das *uns* gleich sei, die da herrschen über die Fische im Meer, und über die Vögel unter dem Himmel (1. Moses 1/26)

Noch einmal unterläuft dem Monotheisten Moses dieser *pluralis majestatis*, eine sprachliche Form, die es zu Moses Zeiten noch gar nicht gab:
... sahen die *Gottessöhne*, daß die Töchter der Menschen schön waren ... (I/6/1)

Helene Petrowna Blavatsky (1831–1891), die 1875 in London die Theosophische Gesellschaft begründete, schrieb in ihrem sechsbändigen Werk »Die Geheimlehre« (1888):
Einer der Namen des jüdischen Jehova, »Sabaoth« oder der »Herr der Heerscharen« (Tsabaoth) gehört den chaldäischen Sabäern (oder Tsabäern) an und hat zur Wurzel das Wort »tsab«, das einen »Karren«, ein »Schiff« und eine »Armee« bedeutet. Sabaoth bedeutet somit wörtlich »die Armee des Schiffes«, die »Mannschaft« oder das »Schiffsgeschwader«.

Ich habe die Vermutung, daß bei der Erschaffung (= Erschließung) der Erde wie bei der »Schöpfung« des Menschen mehrere Götter die Hand im Spiel hatten. Der Schöpfungsmythos der Quiché-Maya, das Popol Vuh, berichtet, wie der Mensch erschaffen wurde:
Man sagt, daß jene erschaffen und geformt wurden, nicht Mutter hatten sie, nicht Vater, doch nannte man sie Männer. Sie wurden nicht aus einem Weibe geboren, von Schöpfer und Former wurden sie nicht erzeugt, auch nicht von Alom und Caholom, nur durch ein Wunder, durch Zauber wurden sie geschaffen und geformt ...

Das indianische Volk der Maya, dessen ziemlich plötzlicher Eintritt in die sogenannte Geschichte kurz nach der Zeitenwende bejubelt wird, lebte zunächst höchst primitiv in den Wäldern und erlegte Wild mit den einfachsten Waffen. Ihre Köpfe waren noch nicht von höherem Wissen geweiht. Aus dieser Frühzeit aber sollen die Mythen des Popol Vuh stammen. Wie können in primitive Gedanken Formulierungen geraten sein wie: ... nicht Mutter hatten sie, nicht Vater ... sie wurden nicht aus einem Weibe geboren ... durch Zauber wurden sie geschaffen und geformt ...
Es scheint alles so widersprüchlich und so verworren; es ist mit bisherigen Methoden nicht unter einen Hut zu bringen. Drum möchte ich einen Denkanstoß geben.

Gab es Schlachten im Weltall, dann hatten sie (wie alle hirnrissigen Auseinandersetzungen mit Gewalt) Sieger und Besiegte. Die Sieger konnten unangefochten auf ihrem Planeten bleiben, die Unterlegenen aber mußten fliehen: sie waren gezwungen, in kürzester Frist mit einem noch intakten Raumschiff einen anderen Planeten anzusteuern. Energiereserven und Nahrungsmittel sind in einem Raumschiff nur für begrenzte Zeit unterzubringen. Also bleibt dem Sieger nur eine bestimmte Spanne, deren Zeitmaß er kennt, um den Feind endgültig zu vernichten, auszurotten. Der geringste Zeitvorsprung verschafft dem Unterlegenen Vorteile, weil er in seinem Raumschiff Nutzen aus der Zeitdilatation zieht. (Dieses Phänomen ist wissenschaftlich bewiesen: in einem Raumschiff, das sich knapp unter Lichtgeschwindigkeit fortbewegt, vergeht die Zeit langsamer als auf dem Startplaneten, wo sie weiter dahinrast.) Der Sieger will keine Überlebenden: erreicht nur ein Paar der Geschlagenen ein sicheres Ziel, wird es Nachkommen zeugen, zu einem Volk heranwachsen, das Rache für seine Niederlage nehmen wird. (Verfügt ein Paar – und das wissen die Sieger – über molekularbiologische Kenntnisse, wird es auf dem Zielplaneten sogar primitives Leben verändern können.) Die Besiegten wiederum kennen die »Mentalität« der Sieger, sie haben deren technische Kenntnisse und deren »Geist«. Im Wettlauf mit der Zeit steuern sie den nächsterreichbaren Planeten an. Fanden die Besiegten nach der Schlacht im Kosmos, 28 000 Lichtjahre vom Zentrum der Galaxis entfernt, den von der Sonne aus dritten Planeten, unsere Erde?

War unser blauer Planet Fluchtort der Besiegten aus einer kosmischen Schlacht?

Führt man die Spekulation dieser Theorie fort, dann gab es unabdingbare Prämissen. Die Heimat der Vertriebenen mußte den Gegebenheiten auf unserer Erde mindestens ähnlich sein; der Heimatplanet hätte ungefähr den gleichen Abstand zur Sonne, etwa dieselbe Größe und damit eine ähnliche Anziehungskraft wie die Erde haben müssen und selbstverständlich auch eine sauerstoffhaltige Atmosphäre.

Wie groß ist die Möglichkeit, daß von erdähnlichen Planeten im Kosmos aus Raumflüge gestartet worden sein können?

Die statistische Wahrscheinlichkeit ist gewaltig.

Daß die Frage nach der Existenz kosmischer Nachbarn »ein seriöses Forschungsthema« geworden ist – so Professor Hans Elsässer –, hängt »nicht zuletzt mit der Ansicht vieler Naturwissenschaftler zusammen, die es als Größenwahn empfinden, annehmen zu wollen, wir wären die einzigen intelligenten Lebewesen im Kosmos«.

Wer weiß, wieviel Sternlein stehen?

Man rechnet mit 100 Milliarden Fixsternen in unserer Galaxis. Wenn nur jeder zehnte Fixstern von einem Planetensystem umkreist wird, haben zehn Milliarden Fixsterne Planetensysteme. Läßt man in dieser überschlägigen Rechnung sogar einmal die Vielzahl der Planeten aus, nimmt »nur« die Summe von zehn Milliarden Fixsternen (= einer viel größeren Zahl an Planeten!) mit je einem Planeten an und billigt davon wiederum nur jedem zehnten erdähnliche Qualitäten zu, kämen wir zu der wahrhaftig astronomischen Zahl von einer Milliarde unserer Erde verwandter Planeten. Möge davon nur jeder zehnte Planet von Erdgröße sein, Temperaturverhältnisse haben, die Leben entstehen und gedeihen lassen, ständen wir vor der immer noch unvorstellbaren Zahl von 100 Millionen! Sondern wir noch mal im Verhältnis 1:10 jene Planeten aus, die von Edelgasatmosphären umgeben sein mögen, verbleiben schließlich zehn Millionen Planeten mit »zumutbaren« Bedingungen für organisches Leben!

Privatdozent Dr. rer. nat. Hans F. Ebel, Heidelberg, schreibt in seinem Essay »Mögliches Leben auf fremden Planeten«:

»Die Schätzungen der Astronomen gehen dahin, die Zahl der erdähnlichen, bewohnbaren Planeten allein in unserer Milchstraße zu Hunderten von Millionen anzunehmen.«

An der Zahl mangelnder Plätze für Abschußrampen auf erdähnlichen Planeten muß also meine Theorie nicht scheitern. Die hypertrophe Meinung, die noch bis vor wenigen Jahren unsere »Weltanschauung« beherrschte, nur und allein die Erde könne Trägerin intelligenten Lebens sein, ist selbst aus dem Kreis strengster Kathederwissenschaftler verschwunden. Tempi passati.

Da steht ein weiteres Fragezeichen.

Mag es im Universum von Planeten und intelligentem Leben nur so wimmeln, müssen oder können sich dort nicht alle Lebensformen in völlig andere Richtungen als bei uns entwickelt haben? Ist es nicht vermessen, neben der Toleranz, die man jeder statistischen Hochrechnung zubilligt, auch noch anzunehmen, die Wesen, die ihren kosmischen Krieg führten, seien menschenähnlich gewesen?

Neueste Forschungen auf vielen, dem Thema zugewandten Gebieten bestätigen, daß außerirdische Intelligenzen menschenähnlich gewesen sein *müssen:* Atomstrukturen und chemische Reaktionen sind überall im Kosmos gleich. Und – so Professor Heinz Haber:

»Es ist keineswegs so – wie man es sich früher vielfach vorgestellt hat –, daß das Phänomen des Lebens geduldig wartet, bis die unbelebte Natur Bedingungen auf einem Planeten geschaffen hat, unter denen das Leben existieren kann; es scheint vielmehr so zu sein, daß das Leben mit seiner hervorragenden chemischen Aktivität weitestgehend dazu beiträgt, seine eigene Umwelt zu schaffen und einen Planeten so umzugestalten, daß er fähig wird, Leben in bunter Fülle zu tragen.«

Lord KELVIN OF LARGS (1824–1907) war Professor in Glasgow. In der Naturwissenschaft hat er einen großen Namen als Physiker, denn er fand nicht nur den sogenannten Zweiten Hauptsatz der Thermodynamik, er gab auch eine strenge wissenschaftliche Definition der (heute in Kelvin-Graden gemessenen) absoluten Temperatur. Kelvin stellte außerdem die Standardformel für die Schwingungsdauer der in elektrischen Schwingungskreisen auftretenden Oszillationen auf, wie er auch den nach ihm benannten thermoelektrischen Effekt entdeckte. Lord Kelvin war, das ist aus diesen kurzen Hinweisen klar, ein großer Mann der exakten Naturwissenschaften, jedem Studenten wird er als einer der ganz Großen seines Fachs vorgeführt. Nichts aber erfährt unsere Zeit von Kelvins Überzeugung, daß »Leben« zuallererst nicht auf der Erde, unserem winzigen Planeten, entstanden ist, sondern vielmehr aus den Tiefen des Alls in Form von Sporen herüberwehte. Kelvin war überzeugt, daß diese einzelligen pflanzlichen Keimkörper – ungeschlechtliche Keimzellen, aus denen neues Leben entstehen kann – derart unempfindlich gegen tiefste Kälte sind, daß sie mit Meteoren oder Meteorstaub lebensfähig auf der Erde eintrafen, sich unter der belebenden Kraft des Lichts entwickelten, so daß schließlich aus ihnen höhere Organismen gedeihen konnten. Ich bin dafür, den *ganzen* Kelvin ernst zu nehmen, also auch den, der schon zu seiner Zeit die Überheblichkeit, Leben könne nur auf unserem Planeten entstanden sein, in ihre Grenzen verwies. – Auch in diesen eigentlich nur naturwissenschaftlichen Bezirken trifft man immer wieder auf Schranken, die religiöses (= kirchentreues) Denken setzt: da das Leben endlich ist, muß es auch im Weltall endlich sein. – Bis Naturwissenschaftler *bewiesen* haben, daß die Überzeugung des von ihnen so hochverehrten Lords ein Irrtum ist, sollte sie in dem breiten Spektrum von Meinungen, wie erstes Leben auf der Erde entstanden sein kann, einen vorzüglichen Platz in der Rangordnung der Vermutungen behalten. Das hat der ehrenwerte Lord verdient.

Nie würde ich es riskieren, eine so verwegen-großartige These in die Diskussion einzuführen. Dabei komme ich, fast am Fließband, zu der Feststellung, daß spekulative Gedanken, deretwegen man mich attackiert, bei einigem Lesefleiß aus der wissenschaftlichen Literatur zu belegen sind. Beruhigend für mich, beunruhigend für meine Kritiker. Beispielsweise, und das ist bei der Offerte meiner Theorie vom Kampf im Weltall wichtig, treffe ich auf Skepsis, wenn ich etwa mit Darstellungen auf Höhlenzeichnungen zu belegen versuche, die dort erkennbaren Raumfahrtutensilien (Raumanzüge, Antennen, Versorgungssysteme etc.) würden auf den Besuch von Intelligenzen von anderen Sternen hinweisen. Unsinn, sagt man mir: Wenn dort solche *heute* gebräuchlichen Utensilien *aus so früher Zeit* auszudeuten wären, dann müßten sich diese fremden Intelligenzen doch ganz anders als wir weiterentwickelt haben. Präzise Argumente höre ich zwar nicht, aber: es kann nicht sein, was nicht sein darf. In dem Meer von Mutmaßungen gibt es einige logische Schlüsse, die meine These, fremde Intelligenzen müßten dem Homo sapiens gleich oder mindestens sehr ähnlich gewesen sein, auf ganz solide Weise stützen.

Professor ROLAND PUCCETTI, Mitarbeiter an so renommierten Fachzeitschriften wie »The philosophical Quarterly« und »Analysis«, schreibt in seinem Buch »Außerirdische Intelligenz in philosophischer und religiöser Sicht«, daß er die vorliegende Studie gemacht habe, »weil es nach all den amateurhaften Schlußfolgerungen meines Erachtens an der Zeit war, die neuesten wissenschaftlichen Erkenntnisse dieses Themenkreises ohne Vorbehalte aus der Sicht eines Wissenschaftlers der Philosophie und der Theologie zu untersuchen« – Puccetti ist mit seiner Meinung, daß intelligente Wesen im ganzen Universum dem Homo sapiens in großem Maße ähnlich sein müssen, in allerbester Gesellschaft von Naturwissenschaftlern. Schon 1964 veröffentlichte der bekannte Biologe Dr. ROBERT BIERI in »American Scientist« in seinem Beitrag »Humanoides an other planets« die gleiche Überzeugung, und auch der Biochemiker Dr. JOSEPH KRAUT von der California University kam nach 15 Jahren Enzymforschung zum gleichen Ergebnis.

Wie aber läßt sich schon »nachweisen«, daß außerirdisch-intelligentes Leben sich ähnlich entwickelt hat wie der Mensch? Die »Beweisführung« kann nur eine logische Sequenz von Schlüssen sein, die auf bewiesenen Fakten basieren.

Professor Puccetti geht davon aus, daß gleiche äußere Bedingungen zur Ausbildung ähnlicher Gestalt und Organe bei genetisch verschiedenen Lebewesen führen. Solche Konvergenz gibt es auf allen erdähnlichen Planeten, wo Lebensbedingungen für komplexe Systeme von Lebewesen auftreten. Darum dürften entwicklungsgeschichtlich Unterschiede der Evolution zwischen Lebewesen – auf unserem oder einem anderen Planeten entstanden – nur geringfügig sein. Hier wie dort begann das Leben nämlich mit der chemischen Umwandlung der Planetenoberfläche – »mit der Entstehung organischer Stoffe aus leblosem Stoff auf der Basis von Kohlenstoffverbindungen in einem Wassermedium«. Daß Pflanzenfresser und Fleischfresser sich in ihrer ozeanischen Umwelt differenziert und in besonderen Formen entwickelten, »bevor sie das Festland eroberten«, ist erwiesen: Fossilien wurden nicht nur in 60 Millionen Jahre altem Gestein gefunden, man fand sie auch in einer Milliarde Jahre altem »Nonesuch«-

Schiefer. – Die Entwicklung neuer Körperformen der ehemals amphibischen Lebewesen ist nicht zufällig: sie brauchten zur Fortbewegung, zur Flucht auf festem Grund andere Gliedmaßen als sie die Fische haben. Die Natur entwickelte die einzig sinnvolle Art der Fortbewegung durch Gehen, denn das ist auf jedem Untergrund möglich. Hatten die amphibischen Lebewesen noch ein kleines Gehirn, brauchten Landlebewesen einen größeren Denkapparat, weil die Umweltgefahren multipliziert auftraten. Das größere Gehirn aber läßt sich gehend besser tragen und mit Blut versorgen. – Wie groß mußte für die neue Ansiedlung die Zahl der Beine sein? fragt Puccetti. Ein Bein wäre zu wenig, weil sich das Wesen nicht wieder aufrichten kann, wenn es hinfällt. Unpaare Zahlen wären unpraktisch aus Gleichgewichtsgründen, aber auch viele Paare wären nicht günstig, weil sie nur ein langsames Kriechen gestatten würden. Tatsächlich sind fossile Funde harte Beweise dafür, daß die Evolution im Laufe der Jahrmillionen die Zahl der Beine kontinuierlich verkümmern ließ, bis sich schließlich zwei Paare als außerordentlich zweckmäßig erwiesen hatten. »Zwei Beine scheinen für die Ausbildung eines großen Gehirns die beste Voraussetzung zu sein, weil bei zwei Paaren die für den Übergang zum Leben auf den Bäumen notwendige Umwandlung eines Paares in Arme ermöglicht und der Umgang mit Werkzeugen in der Entwicklungsphase erleichtert wird.« Es ist einleuchtend, daß der Übergang vom amphibischen zum terristrischen Lebewesen eine solche Änderung des »Fahrgestells« erzwungen hat. Wenn bei uns, dann auch anderswo. Da es an dem Faktum, daß alles Leben ozeanischen Ursprungs ist, keinen Zweifel mehr gibt, dürfte insoweit wohltuende Einigkeit bestehen. – Es erwies sich aber auch eine Neukonstruktion des »Chassis« als notwendig: mit dem Beginn der aktiven Lebensweise von Raubtieren in zweiseitig symmetrischer Gestalt gehörte nun das Maul an den vorderen, der After an den hinteren Teil des Körpers. Diese beiden Lokalisierungen erwiesen sich bei jagenden Tieren (und nicht nur bei diesen!) für Nahrungsaufnahme und Ausscheidung als bestens geeignet. – Die wichtigsten Sinnesorgane und Greifwerkzeuge befinden sich bei allen Raubtieren an der Vorderfront in der Gegend des Maules. Kein Wunder, daß sich auch das Gehirn, das größte Nervenbündel, dort befindet: so haben die Befehle vom Gehirn den kürzesten Weg zu den Greiforganen. Mit dem Wachstum auf dem Festland vollzieht sich eine Verfeinerung des Nervengewebes, das ganz allmählich die Fähigkeit zur Begriffsbildung ermöglicht. Es ist bekannt, daß Delphine »ein beachtliches Gehirn haben, obwohl sie im Wasser leben; die Fähigkeit zur Begriffsbildung aber scheint sich nur in Verbindung mit dem Leben in einer Gemeinschaft, mit Sprache und der Verwendung von Werkzeugen einzustellen«. Da die Verwendung auch der einfachsten Werkzeuge unter Wasser außerordentlich schwierig ist, ist es »unwahrscheinlich, daß sich unter diesen Bedingungen ein zu begrifflichem Denken fähiges Gehirn entwickeln könnte, da dieser Vorgang ja eine soziale Umwelt und eine gewisse Form objektiver Sprache voraussetzt«. – Professor Puccetti schließt auch die Möglichkeit, daß intelligente Wesen vogelartig sein könnten, aus, weil ein fliegendes Wesen leicht sein muß, ein großes Gehirn aber schwer ist und eine kräftige Blutzufuhr braucht. Er erwähnt auch diese Variante von Leben, um die phantasievollen Entwicklungsspekulationen auf realistische Denkmodelle zurückzuführen.

Zu den Zwangsläufigkeiten der Evolution gehört auch die Ähnlichkeit der Augenausbildung in der Tierwelt bei ganz unterschiedlichen Gattungen: sie verfügen über ein perfektes kameraähnliches Auge mit Linse, Netzhaut, Augenmuskeln, transparenter Hornhaut usw. Auch Zahl und Lage der Augen sind gleich, stets im Kopf in der Nähe des Gehirns installiert wie zwei Ohren immer an der höchsten Stelle des Körpers ihren zweckmäßigsten Platz finden. Geruchs- und Geschmackssinn entwickelten sich mit Maul und Nase in unmittelbarer Nähe des Nervenzentrums.

Professor Puccetti legt seine, hier gerafft wiedergegebene Beweisführung vor, um die Behauptung von Biologen zu widerlegen, technisch intelligentes Leben habe sich in unbegrenzt viele Richtungen hin entwickeln können. Mit der Behauptung von der vielfältigen und kontroversen Entwicklungsmöglichkeit soll nämlich ausgeschlossen werden, daß Leben sich unter bestimmten, erdähnlichen Bedingungen auch auf Planeten außerhalb des Sonnensystems zu intelligenten Formen entwickelt haben *muß*. Puccetti stellt fest, und das ist die These, die ich immer vertreten habe, daß bei Außenweltbedingungen, die denen auf der Erde ähnlich sind, aus dem flüssigen Medium: Wasser auch anderswo Lebewesen entstanden sein müssen, die sich zwangsläufig nach den gleichen Mustern wie auf unserer Erde entwickelten, sobald sie an Land gingen, »wo sie die Möglichkeit haben, eine Sprache zu entwickeln, Werkzeuge zu verwenden und zu sozialen Formen des Zusammenlebens überzugehen«. Dieser Evolutionsweg muß intelligentem Leben auf jedem anderen Planeten vorgezeichnet gewesen sein. Diese Entwicklungen im Universum seien aber so zahlreich gewesen, sagt Puccetti, daß Versuche, intelligenten außerirdischen Wesen zu begegnen und sich mit ihnen verständigen zu können »nicht zum Scheitern verurteilt wären«.

Puccetti: »Meine Schlußfolgerung... ist ganz einfach die, *daß intelligente außerirdische Wesen im ganzen Kosmos dem Homo sapiens in großem Maße ähnlich sein müssen.«*

Der Ring schließt sich: Lord Kelvin vermutete, daß erstes Leben auf unserem Planeten aus dem All »herüberwehte«. Puccetti folgert aus dem gesicherten Wissen um die Entstehung allen Lebens, daß die Evolutionsgesetze überall die gleichen waren und sind. Joseph Kraut ist überzeugt, daß die Natur auf erdähnlichen Planeten ihre Probleme auf die gleiche Art und Weise lösen mußte wie bei uns. Und ALBERT EINSTEIN sagte:

»Ich frage mich, ob die Natur nicht immer dasselbe Spiel spielt.«

Wenn man annehmen kann (oder darf), daß auf Millionen anderer Planeten intelligentes Leben existiert, ist der Gedanke, daß dieses Leben älter und darum in jeder Weise fortgeschrittener war (und ist) als irdisches Leben, zwar eine Spekulation, aber doch nicht von der Hand zu weisen. Wollen wir nicht den alten Adam als »Krone der Schöpfung« endlich begraben? Freilich kann ich meine Theorie nicht »beweisen«, doch hat auch niemand Argumente, mich vom Gegenteil überzeugen zu können. Ich spiele also meine Theorie durch:

Die rivalisierenden Parteien im Kosmos hatten die gleichen mathematischen Kenntnisse, dieselben Erfahrungswerte und einen gemeinsamen technischen Entwicklungsstand. Der unterlegene Part, in einem Raumschiff aus der Schlacht entkommen, mußte einen seiner Heimat ähnlichen Planeten anpeilen, dort landen und (weil nicht vorhanden) eine Zivilisation organisieren. Die Unterlegenen wußten, wie groß die Ortungsgefahr aus dem Kosmos war und daß man sie mit dem Einsatz aller technischen Mittel des Siegers suchen würde. Es begann ein Versteckspiel, in dem es ums Überleben ging: die gelandeten Astronauten gingen in den Untergrund, buddelten sich ein, schufen über große Distanzen unterirdische Verbindungen, bauten tief unter der Erde Stützpunkte aus, die ihnen Sicherheit boten, von denen aus sie aber auch Areale der neuen Heimat bewirtschaften und in die Pläne einer durchdachten Infrastruktur einbeziehen konnten.

Den Einwand, die Tunnelbauer hätten sich durch den gewaltigen Aushub beim Höhlenbau »verraten« müssen, kann ich widerlegen. Da ich ihnen eine überlegene Technik zutraue, haben sie vermutlich bereits über einen *Hitzebohrer* verfügt, wie ihn DER SPIEGEL am 3. April 1972 als jüngste Erfindung vorstellte.

In anderthalbjähriger Arbeit haben Wissenschaftler des US-Atomforschungslabors in Los Alamos den Hitzebohrer entwickelt. Mit herkömmlichen Bohrern hat der Hitzebohrer nichts mehr gemein-

19 Juan Moricz meint, daß insbesondere die langen Gänge glasierte Wände haben und daß die Räume durch Sprengungen entstanden.

20 Ein Tunneleingang 110 m unter der Erdoberfläche. Sauber abgesprengte Gesteinsschichten sind ebenso deutlich erkennbar wie das rechtwinklig in den Felsen »geschossene« Tor. Auch die in Hochbauweise angesetzten Teilstücke (rechts) können nicht auf natürliche Weise entstanden sein. Zu Zeiten der Erbauer hat er höher gelegen, irgendwann erfolgte ein Wassereinbruch, der Geröll mitführte.

21 Regelmäßig trifft man auf solche künstlich angelegten Ventilationsschächte, sie sind im Schnitt 1,80 bis 3,10 m lang und 80 cm breit.

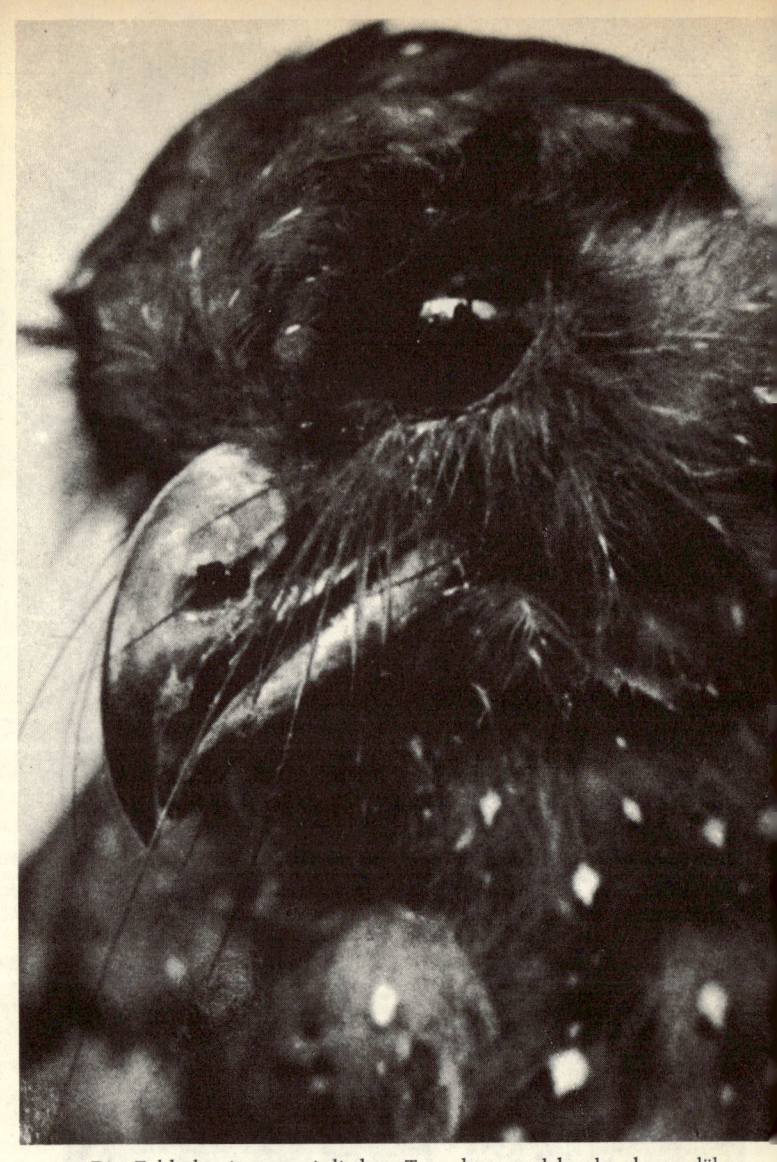

22 Die Zahl der im unterirdischen Tunnelsystem lebenden bussardähnlichen Vögel ist Legion! Durch die Lüftungsschächte kehren sie tagein tagaus zurück, um schließlich in dem Labyrinth zu sterben.

sam: die Spitze des Bohrgerätes ist aus Wolframstahl und wird durch ein Heizelement aus Graphit erhitzt. Künftig gibt es keinen Aushub aus dem Bohrloch mehr: der Hitzebohrer schmilzt das Gestein, durch das er sich bohrt und preßt es an die Wände, an denen es erkaltet. Wie DER SPIEGEL berichtet, bohrte sich das erste Versuchsmodell nahezu geräuschlos durch vier Meter dicke Gesteinsblöcke. In Los Alamos steht nun die Konstruktion eines Hitzebohrers auf dem Plan, der mit einem Mini-Atomreaktor arbeitet, und der sich in der Form eines gepanzerten Fahrzeugs wie ein Maulwurf in die Erde frißt. Dieser Bohrer »soll die rund 40 Kilometer dicke Erdkruste durchstoßen und dem heißen Magma, das darunter liegt, Proben entnehmen«.

Gedanken sind zollfrei, und darum halte ich es für denkbar, daß die Astronautenflüchtlinge auch die Fähigkeit hatten, Elektronenstrahlen für ihre Höhlenkonstruktionen einzusetzen: sie ließen von einer heißen Kathode Elektronen »verdampfen« und beschleunigten sie im elektrischen Feld zwischen Kathode und Anode. Den Elektronenstrahl bündelten sie durch eine Fokussierungselektrode: alle »verdampften« Elektronen finden sich in einem Strahl. Diese Technik ist kein Produkt meiner Phantasie. Die US-Firma Westinghouse entwickelte für Schweißversuche im Weltraum einen Elektronenstrahlgenerator. Der Elektronenstrahl eignet sich vorzüglich für Gesteinssprengungen, weil Härte des Gesteins kein Hindernis für ihn ist. Trifft ein Elektronenstrahl auf Gestein, reißt er durch thermische Spannungen dickste Blöcke auseinander.

Verfügten die Tunnelbauer über eine Kombination aus Hitzebohrer und Elektronenstrahl-Kanone? *Möglich ist alles.* Dringt der Bohrer in außerordentlich harte geologische Schichten vor, könnten diese von einigen wohlgezielten Schüssen aus der Kanone gesprengt werden; in die entstandenen Flöze zwängt sich der gepanzerte Hitzebohrer, erhitzt die Geröllmassen bis zum flüssigen Zustand, kühlt sogleich den Gesteinsbrei ab, es bilden sich diamantharte Glasuren, das Höhlensystem ist vor Wassereinbruch sicher, Abstützungen der Hohlräume sind überflüssig.

Anlaß für diese meine Vermutungen waren die Tunnelanlagen in Ecuador. JUAN MORICZ meint, daß insbesondere die langen geraden Gänge glasierte Wände haben (Abb. 19) und daß die großen Räume durch Sprengungen entstanden sind. An den Tunneleingängen (Abb. 20) sind sauber abgesprengte Gesteinsschichten ebenso deutlich erkennbar wie auch das rechtwinklig aus dem Felsen herausgeschossene Tor. Die Schichtungen der Gesteinsplatten wie die in Hochbauweise angesetzten Teilstücke (rechts) können nicht auf natürliche Weise, etwa durch Wassereinbrüche, in diese Konstruktion gebracht worden sein. — Mit welch technischer Sorgfalt das Tunnelsystem geplant wurde, beweisen auch die in gehörigem Abstand wiederkehrenden Ventilationsschächte (Abb. 21), die — stets präzise gearbeitet — im Durchschnitt zwischen 1,80 m bis 3,10 m lang und 80 cm breit sind. Durch diese Frischluftschächte verlassen Scharen bussardähnlicher Vögel (Abb. 22) das dunkle Labyrinth, kehren tagein, tagaus zurück und sterben schließlich in den Verliesen.

Hier, in den unergründlichen Tiefen, beschlossen die »Götter« nach vielen Jahren, als die Furcht vor einer Entdeckung gebannt schien, Menschen »nach ihrem Ebenbild« zu schaffen.

Das POPOL VUH, die heilige Schrift der Quiché-Indianer aus der großen Maya-Familie, die in Mittelamerika lebte, berichtete über die »Schöpfung« dieser Vorzeit:

Der Name des Ortes aber, zu welchem Balam-Quitze, Balam-Acab und Iqui-Balam zogen, war: die Höhle von Tula, sieben Höhlen, sieben Schluchten. Auch die Tamub und Ilocab zogen dahin. Dies war der Name der Stadt, woselbst sie ihre Götter empfingen ... Der Reihe nach ließen sie die Götter zurück und Hacavitz war der erste ... Auch Mahucutah hinterließ seinen Gott. Hacavitz aber wurde nicht im Wald versteckt, sondern in einem nackten Berg verschwand Hacavitz ...

Und nun gibt es im POPOL VUH jene Stelle, die ich schon zitierte, die aber ihres erstaunlichen Inhalts wegen hier noch einmal in diesem Zusammenhang stehen muß:

Man sagt, daß jene erschaffen und geformt wurden, nicht Mutter hatten sie, nicht Vater, doch nannte man sie Männer. Sie wurden nicht aus einem Weibe geboren, von Schöpfer und Former wurden sie nicht erzeugt, auch nicht von Alom und Caholom, nur durch ein Wunder, durch Zauber wurden sie geschaffen und geformt ...

Eine Keilschrifttafel aus NIPPUR, der Stadt in Mittelbabylonien, die im dritten Jahrtausend v.d.Z. Sitz des sumerischen Gottes ENLIL war, berichtet über die Menschwerdung so:

In jenen Tagen, in der Schöpfungskammer der Götter, in ihrem Hause Duku wurden Lahar und Aschman geformt ...

Hier könnte man einwenden, die Parallele zwischen dem Text des Popol Vuh und der Keilschrift aus Nippur sei an den Haaren herbeigezogen, denn zwischen Mittelamerika, dem Wohngebiet der

Maya, und dem Zweistromland zwischen Euphrat und Tigris, der Heimat der Sumerer, liegen immerhin rund 13000 km Luftlinie! Das ist keine mühsam herausgepickte Gemeinsamkeit aus zwei räumlich und inhaltlich weit voneinander entfernten Kulturlandschaften. Das Alte Testament und darin besonders die fünf Bücher Moses enthalten eine ganze Menge sumerischen Gedankengutes. Das ist bekannt. Das ALTE TESTAMENT und das POPOL VUH haben, und das ist neu, gleichermaßen viele offene und noch mehr versteckte Gemeinsamkeiten. Zweiflern darf ich einige Nagelproben anbieten:

MOSES I/II/I: Es hatte aber alle Welt einerlei Sprache und einerlei Worte...

POPOL VUH: Dort sahen sie den Aufgang der Sonne. Sie hatten eine einzige Sprache. Nicht Holz noch Stein beteten sie an...

MOSES II/14/21: Und Moses reckte seine Hand aus über das Meer und der Herr trieb das Meer die ganze Nacht durch einen starken Ostwind zurück und legte das Meer trocken und die Wasser spalteten sich. So gingen die Israeliten mitten im Meere auf dem Trockenen, während die Wasser ihnen zur Rechten und zur Linken wie eine Mauer standen.

POPOL VUH: Sie merkten kaum, wie sie das Meer kreuzten. Als ob es kein Meer gäbe, überschritten sie es; über Steine schritten sie. Aus dem Sand stiegen runde Steine, und über die Reihen der Steine schritten sie dahin. Treibsand nannte man die Stelle; die das *sich teilende Meer überschritten*, gaben den Namen. So gelangten sie hinüber.

MOSES I/2/12: Dies ist das Zeichen des Bundes, den ich stifte zwischen mir und Euch und allen Lebewesen, die bei Euch sind...

POPOL VUH: Das hier wird Euch beistehen, wenn Ihr mich anruft. Das ist das Zeichen des Bundes. Jetzt aber habe ich schweren Herzens zu gehen...

DANIEL 3/21: Da wurden die Männer in ihren Mänteln, Röcken, Hüten und anderen Kleidern gebunden in den brennenden Feuerofen geworfen... (25) ... Er erwiderte und sprach: Ich sehe aber vier Männer ohne Fesseln und unversehrt im Feuer umhergehen, und der vierte sieht aus wie ein himmlisches Wesen.

POPOL VUH: Darauf gingen jene ins Feuer, in ein Feuerhaus. Drinnen war alles Glut, aber sie verbrannten nicht. Glatten Leibes und schöngesichtig zeigten sie sich in der Dämmerung. Man hätte sie tot gewünscht in den Orten, die sie durchschritten. Aber das geschah nicht. Verwirrung ergriff da die von Xibalba.

Die Frage ist berechtigt, was denn der Umweg über eine sumerische Keilschrift, das Alte Testament und das Popol Vuh mit meinen Tunnelbauern zu tun hat. Ich will Argumente für meine Überzeugung liefern, daß es zu allem Anfang *nur eine Quelle von der Entstehung des Homo sapiens* gegeben hat, nämlich die der Initiatoren der Schöpfung selbst. Erst viel viel später, als Völker und Rassen sich rund um den Globus ansiedelten, wurden *neue* Erlebnisse an *neuen* Orten in die uralte und erste Überlieferung eingebracht. In allen weltweiten Überlieferungen aber blieb der *Kern* des Schöpfungsaktes erhalten: die Götter schufen den ersten Menschen nach ihrem Ebenbild! – Die Erschaffung des Menschen durch Außerirdische tut weder der Abstammungslehre noch der Evolutionstheorie Abbruch. Zwei Fragen. Die eine lautet: welches Ereignis löste den Prozeß der Menschwerdung aus? Die andere: warum ist von allen Hominidenarten nur der Homo sapiens intelligent geworden?
Es gibt viele Antworten, überzeugend ist keine. Schließlich hatten vor einer runden Million Jahre alle hominiden Affenarten ein Gehirnvolumen von etwa 400 ccm. Wenn in den folgenden Jahrhunderttausenden das Klima die Affen von den Bäumen herunterholte, dann doch wohl alle Affenarten und nicht nur die eine, die auserwählt war, dermaleinst den Homo sapiens hervorzubringen. Wäre aber die Fertigkeit, Werkzeuge herstellen zu können, Voraussetzung für Entwicklung und Weiterleben gewesen, dürfte es heute eigentlich keine Affen mehr geben. »Muß man denn unbedingt Mensch werden, um nicht auszusterben?« fragt OSKAR KISS MAERTH in seinem Buch »Der Anfang war das Ende«. Zum Problem der Menschwerdung stellt Maerth aufregende Fragen wie diese:
Wenn eine Affenrasse aus Angst vor wilden Tieren und wegen der leichteren Ernährung gezwungen war, sich auf die hinteren Beine zu stellen, warum stellten sich nicht auch die anderen Affen aus den gleichen Gründen auf die Hinterbeine?
Alle hominiden Affen waren und sind grundsätzlich Vegetarier ...
Auch die Vorfahren des Menschen waren es und wurden erst während des Prozesses des Menschwerdens zu Fleischessern ... Fleisch essen soll ein Zeichen der gewachsenen Intelligenz und sogar ein Fortschritt gewesen sein, weil der Mensch sich mit Fleisch »leichter« und »besser« ernähren konnte. Für dieses Kompliment danken die Wölfe und Wildkatzen, die viele Millionen Jahre früher schon Fleischfresser gewesen sind.

Warum ist für den Vorfahren des Menschen das Fleischessen plötzlich zur »leichteren« Ernährung geworden? Seit wann ist es leichter, eine Gazelle zu töten, als eine Frucht vom Baum zu reißen?
Während der letzten Million Jahre wechselten mehrere Regen- und Trockenperioden ab ... und alle Affen konnten sich in die verbliebenen Wälder zurückziehen, um dort ihre gewohnte Lebensweise weiterzuführen. Warum taten dies alle anderen Großaffen, nur jene nicht, aus denen später der Mensch entstanden sein soll?

Mit weniger als nichts ist in der Evolutionstheorie bisher der gewaltige Sprung motiviert, mit dem sich der Homo sapiens von seiner Familie der Hominiden absetzte. Es geht ganz schlicht um das Gehirn, das plötzlich leistungsfähig wird, das technisches Verständnis erwirbt, zu Himmelsbetrachtungen fähig wird, Kommunikation in sozialen Gemeinschaften aufnimmt. Entwicklungsgeschichtlich vollzog sich diese Volte vom animalischen Wesen zum Homo sapiens über Nacht.
Ein Wunder? Wunder geschehen nicht.
Die Behauptung, die Intelligenz unserer frühesten Vorfahren habe schon vor einer Million Jahre eingesetzt und sich hübsch langsam entwickelt, seit sie in Gemeinschaften lebten, sticht nicht. Alle Säugetiere leben in Gruppen, Horden, Herden, jagen und verteidigen sich gemeinsam. Sind sie deshalb intelligent geworden? – Auch ein menschenähnliches Wesen, das primitive Werkzeuge herstellt, muß darum noch kein Homo sapiens sein. Direktor LEAKEY vom »Nationalen Forschungszentrum für Prähistorie und Paläontologie«, Nairobi, weist auf Funde bei FORT TERNAN hin, die ergaben, daß der Kenyapithecus Wickeri kantige Werkzeuge herstellte und daß der Homo habilis schon vor zwei Millionen Jahren einfache Werkzeuge verwendete. Leakey berichtet ferner, daß JANE VAN LAWICK-GOODALL Schimpansen in ihrer natürlichen Umwelt untersuchte und festgestellt hat, daß diese entfernten Vettern des Menschen regelmäßig eine Vielzahl von einfachen Werkzeugen herstellen und verwenden. Wer mag diese Schimpansen, die Kriterien für die Zulassung zum Homo sapiens erfüllen, in den Kreis intelligenter Wesen aufnehmen?
Menschenähnliche Wesen, die Werkzeuge herstellten und benutzten, gibt es seit »ewigen« Zeiten. Menschenähnliche Wesen, die Götter verehren und fürchten, Höhlenwände mit Fresken bemalen, Lieder singen, Schamgefühl kennen, Freundschaften pflegen und ihre Artgenossen beerdigen – *diese* Art von Wesen existiert noch nicht so lange. Ich zweifle, ob es sie ohne die künstliche Mutation durch außerirdische Besucher überhaupt gäbe. Deshalb riskiere ich die Be-

hauptung, daß die Unterlegenen einer Weltraumschlacht den Prozeß der Menschwerdung mit ihrer Kenntnis des genetischen Code auf dem Weg einer künstlichen Mutation erst in Gang gesetzt haben.

Am 5. Juni 1972 verbreitete Associated Press, Washington, eine Meldung über den 129seitigen Bericht des »Ausschuß für astronomische Forschung in der amerikanischen Akademie für Wissenschaft«. Nach Ansicht der Wissenschaftler ist in den letzten sieben Jahren die Wahrscheinlichkeit stark angestiegen, daß im Universum intelligente außerirdische Zivilisationen existieren. Die Akademie empfiehlt, die astronomischen Bemühungen um die Aufspürung solcher fernen Welten mit intelligenten Bewohnern durch größere staatliche Zuschüsse zu unterstützen. Zwar könnten schon vorhandene Teleskope Funksignale von außerirdischen Zivilisationen empfangen, doch müßten neue Instrumente entwickelt werden, die geeignet seien, Signale von bewohnten Himmelskörpern auch außerhalb unseres Sonnensystems zu empfangen. Wörtlich heißt es in dem Bericht des Komitees: »*In diesem Augenblick erreichen uns vielleicht Radiowellen mit den Gesprächen weit entfernt lebender Geschöpfe. Wir könnten diese Gespräche vielleicht aufzeichnen, wenn wir nur ein Radioteleskop in die richtige Richtung brächten und auf die genaue Frequenz einstellten.*«

Sofern man für eine Theorie *Indizien* vorweisen kann, darf man sie meines Erachtens in die ernsthafte Diskussion einführen. Es geht nicht um *Beweise*, die man fordert. Welche wissenschaftliche Theorie konnte vom ersten Gedanken an aus Beweisen aufgebaut werden? Es geht auch nicht um eine »Ersatzreligion«, wie manche Kritiker unterstellen. Wenn meine Theorien den »Geschmack« einer Ersatzreligion haben könnten, dann müßten logischerweise wissenschaftliche Erstgeburten, deren Embryo eine Theorie war, auch jeweils zunächst »Ersatzreligionen« sein: der einfache Mann kann Versuchsreihen, die zum Beweis der Theorie führen sollen, nicht nachvollziehen. Soll oder muß er an wissenschaftliche Theorien *glauben*, auf die Gefahr hin, daß sich die Resultate der Forschung letztlich als Irrtümer erweisen?

Ich will mit meinen Theorien Denkanstöße geben. Nicht mehr, aber auch nicht weniger. Und hier habe ich meine durch Indizien angeregte neue Theorie vorgetragen, wie die Tunnelsysteme in Ecuador und Peru entstanden sein können und wann dem Homo sapiens seine »Geburtsstunde« geschlagen haben mag.

Das Wort hat die wissenschaftliche Forschung . . .

Auf der Suche nach den Protokollen von BAIAN KARA ULA — *Der Peking-Mensch ist 400000 Jahre alt — Keine Zeugnisse chinesischer Vorgeschichte? —* P'AN KU, *der Erbauer des Universums — Die kesse Göttin* YÜ CH'ING — YIN YANG, *die dualen Kräfte — Jade-Scheiben nach den Mustern von* BAIAN KARA ULA? — *Der alte Herr* YÜAN-SHIH — *Die* PAIWAN-*Kopfjäger und ihre Skulpturen — Vogelmenschen wie in Babylon — Das Tunnelsystem am* TUNG-TING-*See — Wer erschoß den Bison in der Jungsteinzeit?*

Die Boeing der CI CHINA AIRLINES war in SINGAPUR mit einstündiger Verspätung gestartet und hatte bis zur Landung in TAIPEH um 15.30 Uhr nur eine halbe Stunde aufgeholt. Für 17 Uhr war eine Verabredung mit dem Direktor des NATIONAL PALACE MUSEUM, Herrn CHIANG FU-TSUNG, arrangiert.

Ich stellte mein Gepäck im AMBASSADOR an der NANKING EAST ROAD ab, winkte eine Taxe heran, setzte mich neben den freundlich lächelnden Fahrer und sagte: »To the National Palace Museum, please!« Der hagere, kleine Buddha neben mir lächelte mich an, aber ich hatte nicht den Eindruck, daß er meinen Wunsch verstanden hatte; in allen mir zur Verfügung stehenden Sprachen beschrieb ich das Ziel seiner rasenden Fahrt; mein Buddha nickte mir voller Nachsicht milde zu, gab noch mehr Gas und stoppte vor dem Bahnhof. Mit der Flinkheit eines Wiesels öffnete er die Wagentür und deutete strahlend auf den Bahnhof, der zweifelsfrei nicht mein Museum war. Chinesisch, nur ein bißchen Chinesisch müßte man können! Ich trat in die Halle ... und eine Rakete von einem Licht ging mir auf: im Zentrum stand ein großer Ansichtskartenkiosk, der in Hunderten von Fotos alle sehenswürdigen Bauten für touristische Grüße aus Taipeh und Taiwan feilbot. Ich kaufte Ansichtskarten aller Ziele für die nächsten Tage. Mein Buddha nickte sehr ernst, als ich ihm den wunderschönen Museumsbau zeigte und fuhr die ganze Strecke zurück. Das Museum lag nahe beim Hotel (Abb. 23).

Bei Herrn CHIANG FU-TSUNG wird es keine Verständigungsschwierigkeiten geben, er spricht Deutsch, denn er studierte in Berlin.

Das wußte ich von Herrn CHI, der in Luzern das LI-TAIPEH führt, das beste chinesische Restaurant, in dem ich je gegessen habe. Herr CHI stand die längste Zeit seines Lebens in diplomatischen Diensten von TSCHIANGH KAI-SCHEK, ehe er sich entschloß, in der Schweiz

23 Mit Hilfe einer Ansichtspostkarte fuhr mich mein hagerer Buddha zum schönen PALACE MUSEUM in TAIPEH zu Herrn CHIANG FU-TSUNG!

Gastronom zu werden. Mein Bekannter CHI weiß, daß ich wie besessen von dem Wunsch bin, dem Geheimnis der Funde von BAIAN KARA ULA auf die Spur zu kommen.

Dort, im chinesisch-tibetanischen Grenzgebiet, fand 1938 der chinesische Archäologe TSCHI PU TEI jene 716 Granitteller, die zwei Zentimeter dick sind, genau in der Mitte ein Loch haben, von dem spiralartig eine doppelspurige Rillenschrift bis an den Rand des Tellers läuft. Die Granitteller sind unseren Langspielplatten ähnlich. Jahrelang rätselten kluge Leute um das Geheimnis der Steinteller, bis es 1962 Professor TSUM UM NUI von der Akademie für Vorgeschichte, Peking, gelang, einen Teil der Rillenschriften zu entziffern. – Analysen von Geologen wiesen einen erheblichen Gehalt an Kobalt und Metall nach, Physiker stellten fest, daß alle Teller einen hohen Vibrationsrhythmus haben, was darauf schließen läßt, daß sie irgendwann großen elektrischen Spannungen ausgesetzt gewesen sind. Die Funde von BAIAN KARA ULA wurden zu einer Sensation, als der russische Philologe Dr. WJATSCHESLAW SAIZEW dechiffrierte Texte der Steinteller veröffentlichte: vor 12000 Jahren wurde eine Gruppe eines unbekannten Volkes auf den dritten Planeten verschlagen, aber ihre Luftfahrzeuge hatten nicht mehr genug Kraft, die ferne fremde Welt wieder zu verlassen. Diese belegten Fakten habe ich in ZURÜCK ZU DEN STERNEN ausführlich dargestellt.

Die in Moskau veröffentlichte Nachricht aber, der Gesamtbericht der Wissenschaftler über die Steinteller sei sowohl in der Pekinger Akademie wie im Historischen Archiv in TAIPEH deponiert, war der Anlaß für meinen Flug nach TAIWAN.

Durch ein Schreiben meines Bekannten CHI war ich für diesen naßkalten Januarnachmittag beim Direktor des Palace Museum angesagt, der das Meeting noch vor dem Start zu meiner dritten Weltreise mit einem höflichen Brief bestätigt hatte.

Die Chance, im Palace Museum die Spur der Steinteller aufnehmen zu können, schien mir groß. Der kostbare Besitz mit seinen über 250000 Katalognummern wurde in den letzten 60 Jahren mehrere Male aus Peking, seinem Stammort, verlagert: 1913, während des Aufstandes der KUOMINTANG-Partei – 1918, während der Bürgerkriege – 1937, während des Krieges mit Japan, das Peking besetzte – 1947, als MAO TSE-TUNG mit der »Volksbefreiungsarmee« die Volksrepublik China begründete und Peking wieder zur Hauptstadt machte. Seit 1947 lagern die Kunstschätze in TAIPEH.

Eine zierliche Visitenkarte, auf die Herr CHI mit feinem Pinsel Grüße und Empfehlungen an seinen Freund CHIANG FU-TSUNG geschrieben

24 Mit dem Direktor des PALACE MUSEUMS, Herrn CHIANG FU-TSUNG, TAIPEH, führte ich mehrere aufschlußreiche und interessante Gespräche.

hatte, ließ lächelnde Livrierte wortlos alle Türen bis zum Zimmer des Chefs öffnen. Der Direktor begrüßte mich in deutscher Sprache – nur, als ich mich für meine Verspätung entschuldigte, wehrte er lächelnd mit einem langen chinesischen Satz ab (Abb. 24).

»Sie sind ein Freund meines Freundes, Sie sind mein Freund. Seien Sie willkommen in China. Was darf ich für Sie tun?« sagte er; während wir auf einen niedrigen Tisch zugingen, sprach er laut – zu wem? – einen Befehl. Noch ehe wir richtig Platz genommen hatten, brachten Livrierte Tassen aus hauchdünnem Porzellan und eine zierliche Kanne mit Kräutertee. Der Direktor füllte die Tassen.

Ich fiel mit der Tür ins Haus, sagte, daß mich die Funde von BAIAN KARA ULA interessierten und daß ich hier in TAIPEH den Untersuchungsbericht der Naturwissenschaftler über die Steinteller einsehen möchte. Eine kalte Dusche prasselte auf mich nieder, als Herr CHIANG erklärte, daß dieser umfängliche Bericht die Odyssee des Museums nicht mitgemacht habe, daß er in der Pekinger Akademie, zu der er keinen Kontakt habe, aufbewahrt werde. Er sah mir meine grenzenlose Enttäuschung an, konnte mir aber zunächst auch mit seinen weiteren Mitteilungen nur geringen Trost geben.

»Ich bin über Ihre Bemühungen informiert. Sie graben sich in die Prähistorie der Völker ein. Ich kann Ihnen da nur mit unserem Urahn dienen, dem SINANTHROPUS, der im Tal von CHOU-K'-OU-TIEN, 40 km südwestlich von PEKING, erst im Jahre 1927 gefunden wurde. Dieser SINANTHROPUS PEKINENSIS, der Peking-Mensch, soll nach Meinung der Anthropologen dem HOMO HEIDELBERGENSIS ähnlich sein, auf jeden Fall aber der chinesischen Rasse, wie sie heute in 800 Millionen Exemplaren existiert. Der Penking-Mensch soll aus dem mittleren Pleistozän stammen, also etwa 400000 Jahre alt sein. Danach gibt es keine eigentliche Prähistorie mehr.«

Erst aus dem dritten Jahrtausend v.d.Z., erklärte der Direktor, gebe es dann wieder Zeugnisse jungsteinzeitlicher Kulturen in Nordchina, die YANG-SCHAO-Kultur am HUANGHO: bemalte Bandkeramik. Um das zweite Jahrtausend v.d.Z. folge die MA-TSCHANG-Kultur, die Schwarzkeramik-Kultur, die Stein- und Kupferkultur von TSCH'ENG-TSE-AI von SCHANTUNG bis zum Beginn der Bronzezeit mit üppiger Ornamentik: T'AO-TIE, dem Vielfraßkopf – LEI-WEN, mit seinen rechtwinklig gebrochenen Donnerdarstellungen. Vom 15–11. Jahrhundert gäbe es dann eine hochentwickelte Schrift mit über 2000 Wortzeichen in Bildern und Symbolen, die als Orakelinschriften entziffert wurden. Chinesische Herrscher aller Zeiten, »Söhne des Himmels«, hätten den Auftrag gehabt, für den geordneten Ablauf des Naturgeschehens zu sorgen.

»Soweit ich informiert bin, ich bin kein Prähistoriker, findet sich im Reich der Mitte nichts, was Ihre spezielle Phantasie beflügeln könnte, keine Steinfäustlinge, keine anderen primitiven Werkzeuge, ja, nicht einmal Spuren von Höhlenmalereien. Die ältesten beschrifteten Knochen wurden nach 3000 v.d.Z. datiert . . .«

»Was steht auf den Knochen?«

»Bisher konnten die Inschriften nicht entziffert werden.«

»Sonst gibt es nichts?«

»Eine einzige Vase, sie wurde in ANYANG bei HONAN ausgegraben. Sie konnte auf 2800 v.d.Z. datiert werden.«

»Verzeihen Sie, Herr Direktor, aber dieses alte chinesische Volk muß doch Zeugnisse seiner Vorgeschichte haben! Es muß doch eine Entwicklung aus vorgeschichtlicher in geschichtliche Zeit zu belegen sein. Gibt es keine mysteriösen Ruinen, keine zyklopischen Mauerreste?«

»Unsere chinesische Geschichte läßt sich lückenlos bis zum Kaiser HUANG TI zurückverfolgen, und der lebte 2698 v.d.Z. Damals schon, und das ist bewiesen, war der Kompaß bekannt. Also kann die Zeit nicht mit HUANG TI begonnen haben! Was vorher war, lieber Freund, das steht in den Sternen!«

»Wieso: in den Sternen?«

Gab es doch noch ein Bonbon für mich in diesem Gespräch? Es gab eines. Herr CHIANG lächelte:

»Nun ja, da gibt es Legenden von fliegenden Drachen. Seit eh und je ist der Drache das chinesische Symbol für Göttlichkeit, für Unerreichbarkeit und Unbesiegbarkeit. P'AN KU (Abb. 25) heißt der Erbauer des chinesischen Universums in der Legende, er schuf die Erde aus Granitblöcken, die er fliegend aus dem All kommen ließ, er teilte die Wasser, und er stieß ein riesiges Loch in den Himmel, er halbierte den Himmel in die östliche und westliche Hemisphäre . . .«

»War das vielleicht ein himmlischer Regent, der in Raumschiffen am Firmament erschien?«

»Nein, mein Freund, von Raumschiffen weiß die Legende nichts, sie spricht immer nur von Drachen, aber sie bezeichnet P'AN KU als den Bezwinger des Chaos im All, er schuf das YIN YANG, die Vorstellung von den dualen Kräften in der Natur. YANG steht für die männliche Kraft und den Himmel – YIN für die weibliche Schönheit und die Erde. Alles, was im Kosmos oder auf der Erde geschieht, wird einem der beiden Symbole, die tief in die kosmologische chinesische Philosophie eingegangen sind, zugeordnet.«

Jeder Herrscher, »Sohn des Himmels«, soll der Legende zufolge

25 Chinesische Federzeichnung vom Gott P'AN KU, legendärer Sohn des Chaos und Erbauer des chinesischen Universums: er soll die Welt aus Granitbrocken erbaut haben, die aus dem Weltall heranflogen.

18 000 Erdenjahre erlebt haben, und P'AN KU sorgte, diese Daten skeptisch akzeptierend, vor 2 229 000 Jahren für himmlische Ordnung. Vielleicht hat man sich bei diesen astronomischen Rückrechnungen um einige Jahre geirrt – was macht das schon bei einem solchen Stammbaum?

P'AN KU, dessen Legende über ganz China verbreitet sein soll, wird in verschiedenen Gegenden verschieden dargestellt, kaum verwunderlich bei der unendlichen Größe dieses Landes von 9 561 000 qkm Fläche! Mal ist er ein Wesen mit zwei Hörnern auf dem Kopf und einem Hammer in der rechten Hand – mal erscheint er als Drache, der die vier Elemente bezwingt – mal hält er die Sonne in der einen, den Mond in der anderen Hand – mal bearbeitet er, von einer Schlange beobachtet, Felswände.

Tatsächlich soll die P'AN-KU-Legende in China nicht so alt sein wie der kräftige Mann selbst: erst im sechsten Jahrhundert v.d.Z. sollen Reisende die Legende aus dem hinterindischen Königreich SIAM (Thailand) mit nach China gebracht haben.

»Als ›Vater der Dinge‹ bezeichnet die chinesische Mythologie YAN SHIH TIEN-TSUN«, sagte der Direktor. »Er ist das Sein, das sich nicht ergründen läßt, der Anfang und das Ende aller Dinge, das Höchste und Unvorstellbare im Himmel. Er wird in späteren Zeiten auch YÜ CH'ING genannt. Wenn Sie drüber schreiben, müssen Sie darauf hinweisen, daß YÜ CH'ING nicht mit dem mystischen Kaiser YÜ verwechselt wird, der die große Flut, die Sintflut, bezwungen haben soll. – Kennen Sie die Legende von YAN SHIH TIEN-WANG?«

Ich kannte sie nicht. Der Direktor holte einen Band des DICTIONARY OF THE CHINESE MYTHOLOGY vom Bücherbord.

»Da, lesen Sie die Geschichte im Hotel! In dem Dictionary werden Sie einige für Ihre Betrachtungsweise faszinierende Geschichten finden wie beispielsweise die Legende der Göttin CHIH NÜ. Sie war die göttliche Patronin der Weber. Ihr Vater schickte die junge Tochter zum Nachbarn, der am ›Silberstrom des Himmels‹, gemeint ist wohl die Milchstraße, Wache hielt. – CHIH NÜ wuchs heran und wurde sehr hübsch, Tage und Nächte verbrachte sie mit Spielen und Lachen, nie habe es im Himmel eine verrücktere und wildere Liebhaberin gegeben als CHIH NÜ. Der Sonnenkönig wurde des Treibens überdrüssig, und als sie von ihrem Wächter-Freund auch noch ein Kind gebar, befahl er dem feurigen Liebhaber, sich am anderen Ende des Silberstromes zu postieren, um dann die schöne CHIH NÜ nur noch einmal im Jahr, in der siebenten Nacht des siebenten Monats, wiederzusehen ...«

»Die Story von den Königskindern, die nicht zueinanderkommen können!«

»Die Legende hat ein Happy-End für die Liebenden: Millionen glänzender Himmelsvögel reihten sich zu einer unendlichen Brücke über die Milchstraße aneinander. CHIH NÜ und der Wärter konnten sich treffen, wann immer sie wollten!«

»Wenn die glänzenden Himmelsvögel Raumschiffe waren, die zwischen den Planeten patrouillierten, dann scheint es mir durchaus plausibel, daß die Liebenden nach Wunsch zusammenkamen.«

Herr CHANG FU-TSUNG erhob sich:

»Sie sind wirklich ein Phantast! Aber Sie müssen ja nicht in Ehrfurcht vor Hergebrachtem erstarren. Vielleicht haben moderne Interpretationen von Mythen und Legenden eine Berechtigung, vielleicht führen sie uns weiter. Viel wissen wir noch nicht . . .«

Herr MARSHALL P. S. WU, Chef der Ausgrabungsabteilung, war mir vom Direktor für die Dauer meines Aufenthaltes als bestinformierter Cicerone attachiert worden. Wenn auch in einem häufigen Wechsel jeweils nur Bruchteile der 250000 Gegenstände im Museum ausgestellt werden, sind es immer noch so verwirrend viele, daß ich wohl meine »Funde« ohne Herrn WU, der begriffen hatte, worauf es mir ankommt, kaum hätte sammeln können.

● *Bronzekrüge* aus der Zeit der SHANG-Dynastie (1766–1122 v.d.Z.) erinnern mich spontan an die andere Seite des Pazifiks: viel jünger als die chinesischen Krüge, zeigen die NAZCA-Keramiken, präinkaische Arbeiten, ganz ähnliche Ornamente: geometrische Linien, gegeneinander versetzte Quadrate, Spiralen

● *Axt aus Jade*, kleine Kopie einer größeren Axt. In den grünlichen Stein ist das Göttersymbol des Drachen mit Feuerschweif eingraviert, das Firmament zieren Kugeln. Ich denke an gleiche Darstellungen auf assyrischen Zylindersiegeln

● *Altarschmuck* für den Gottesdienst des Berg- und Wolkengottes steht, ganz im Sinne der Archäologen, unter einem rechteckigen Gegenstand aus dem Jahr 206 v.d.Z. Man sieht einen Berg, dominierender aber über ihm eine gewaltige Kugel mit einem Feuerschweif. Diese Kugel – über ihr drei geometrisch angeordnete Kügelchen – mit ihrer beherrschenden Größe steht in keiner vernünftigen Relation zu Sonne, Mond und Sternen. Altarschmuck? War das nicht zu Urzeiten ein Erinnerungsbild an eine unvergeßliche, unbegreifliche Erscheinung am Himmel?

● *Jade-Scheiben* (Abb. 26) mit Durchmessern von 7 bis 16,5 cm. Sie haben in der Mitte ein Loch wie in Schallplatten. Mit einem Zapfen werden sie an einem Obelisken von 20 cm Höhe lotrecht gehalten. Ich nehme den Archäologen ebensowenig ab, daß diese »Zeremonien«-Scheiben Symbole des Himmels für Macht und Stärke waren wie daß der Obelisk ein Phallussymbol gewesen wäre. Mich faszinierten die Jade-Scheiben, von denen mehrere die rundherum sauber »ausgefrästen« Winkel von Zahnrädern haben. Gibt es einen Zusammenhang zwischen diesen angeblichen Zeremonien-Scheiben

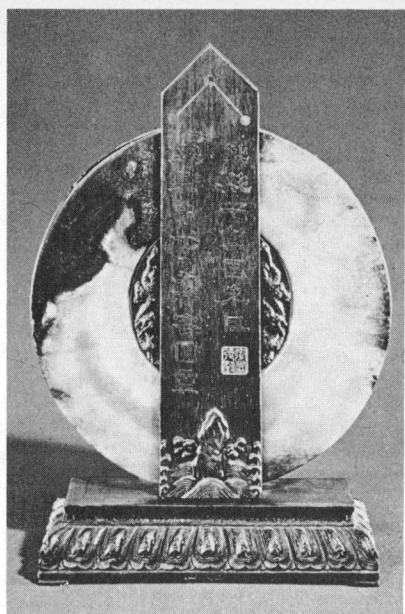

26 Die Jade-Scheiben haben in der Mitte ein Loch, oft rundherum aus-
gefräste Winkel von Zahnrädern. Sind sie nach Modellen gearbeitet?

und den Steintellern von BAIAN KARA ULA? Akzeptiert man jene Teller
aus dem chinesisch-tibetanischen Grenzland als *Modelle für diese*
Zeremonien-Scheiben, dann hebt sich der Schleier des Rätselhaften:
nach einem Besuch von Astronauten im Raume BAIAN KARA ULA, die
die Steinteller – vermutlich zur Nachrichtenübermittlung – fertig-
ten, bildeten sich ehrfürchtige Priester ein, sie würden göttergefällige
Werke tun oder selbst ein bißchen werden wie die entschwundenen
enorm klugen Wesen, falls sie auch nur solche Scheiben produzieren
würden, wie die Fremden sie benutzt hatten. *So* könnte sich der
Kreis schließen, *so* könnten auch die Zahnradscheiben auf Umwegen
zu Kultrequisiten geworden sein.
Dr. WJATSCHESLAW SAIZEW, der Wichtiges über die Steinteller publi-
zierte, fand bei FERGANA in USBEKISTAN, nahe der chinesischen Grenze,
eine Felsmalerei (Abb. 27): nicht nur, daß hier ein Wesen den
Helm eines Astronauten trägt, nicht nur, daß Atmungsgeräte zu iden-
tifizieren sind – in den durch den Raumfahreranzug isolierten Händen hält es eine Platte, wie sie zu Hunderten in BAIAN KARA ULA
gefunden wurden!

27 DR. WJATSCHESLAW SAIZEW fand bei FERGANA in USBEKISTAN diese Felsmalerei: ein Astronaut hält eine Platte in den Händen, wie sie zu Hunderten in BAIAN KARA ULA gefunden wurden. Ein Tonträger?

An einem der Tage in TAIPEH las ich im DICTIONARY OF THE CHINESE
MYTHOLOGY die Legende von YÜAN-SHIH TIEN-WANG, die ich hier in
komprimierter Form notiere:

In einer weit zurückliegenden Epoche lebte in den Bergen, am Rande
des ewigen Eises, der Greis YÜAN-SHIH TIEN-WANG. Der erzählte
von Urzeiten in so bildhafter Sprache, daß die, die ihn hörten, glaubten YÜAN-SHIH wäre bei all den wunderbaren Ereignissen selbst dabei
gewesen. Einer, CHIN HUNG, fragte den Greis, wo er gelebt habe,
bevor er auf diesen Berg gekommen sei. YÜAN-SHIH hob wortlos
beide Arme zu den Sternen empor. Nun wollte CHIN HUNG wissen,
wie er sich in der grenzenlosen Leere des Himmels zurechtfinden
konnte. Während YÜAN-SHIH schwieg, traten zwei Götter in blanken
Rüstungen hinzu und CHIN HUNG, der das erlebte, berichtete seinen
Leuten, der eine Gott habe gesagt: »Komm, YÜAN-SHIH, wir wollen
gehen. Wir werden durch die Dunkelheit des Universums wandern
und an fernen Sternen vorbeifahren in unsere Heimat.«

TAIPEH, Hauptstadt Formosas (= Taiwan) und Nationalchinas, hat fast zwei Millionen Einwohner, Universitäten und Hochschulen und hervorragend geleitete Museen. Über seinen Haupthafen KILUNG werden Naturprodukte wie Zucker, Tee, Reis, Bananen, Ananas (die im tropischen Monsunklima gedeihen), Holz, Kampfer und Fische exportiert. Seit TAIWAN mit 13 Millionen Inselbewohnern 1949 selbständiges Land wurde, wuchs seine Industrie in rasantem Tempo, so daß heute auch Textilien, Motore aller Art, landwirtschaftliche Maschinen, Elektroartikel etc. mit dem Markenzeichen TAIWAN auf Schiffe verladen werden. Devisenbringender Abbau von Kohle, Gold, Silber und Kupfer wird staatlich gefördert.

Es ist, wieder einmal, ungeklärt, woher und wann die mongoliden Ureinwohner, die PAIWAN, auf die Insel kamen. Von ihren späten Nachfahren lebt heute eine Viertelmillion in sieben verschiedenen Stämmen im unzulänglichsten Teil des zentralen Bergmassivs: die Wellen chinesischer Einwanderer drängten sie dorthin zurück. Noch vor einer Generation bewiesen PAIWAN-Krieger ihren Mut in der Kopfjagd, heute jagen sie das Wild ihrer Bergfestung. – Der Stamm hat sich seine Ursprünglichkeit bewahrt, er lebt nach den Gesetzen der ewigen Natur; die Zeitrechnung ist einfach wie die Lebensweise: der Tag beginnt mit dem Krähen des Hahnes, sein Verlauf wird an der Länge des Schattens gemessen – ein neues Jahr wird in der Blüte der Bergkräuter erkannt, sein Höhepunkt im Fruchtstand, sein Ende im frühen Schneefall, der sie vollends von der Welt abschließt. – Seit frühester Zeit pflegen die PAIWAN die Einehe, dabei ist es unwesentlich, ob der Freier die Braut züchtig umwirbt, kauft oder raubt, wichtig ist nur, daß er sie für Lebzeiten behält. – Der PAIWAN schätzt als Stimulans *Betel*, den er im eigenen »Labor« aus den muskatnußähnlichen Früchten der Betelpalme unter Zugabe von gebranntem Kalk und einer gehörigen Prise Betelpfeffer herstellt. Betel schmeckt gallebitter, soll aber erfrischen. Da Betel den Speichel rot und die Zähne blauschwarz färbt, ist der freundlich-grinsende Blick eines PAIWAN-Kriegers eher erschreckend als vertrauenerweckend. Wäre mir nicht zuverlässig versichert worden, daß sie der Kopfjagd nicht mehr obliegen, hätte ich mich fluchtartig zurückgezogen, weil ich mein Haupt noch eine Weile benötige.

Das MUSEUM DER PROVINZ TAIPEH besitzt eine einmalige Sammlung von Holzarbeiten der PAIWAN. Ihre Holzskulpturen gelten als letzte Beispiele einer sterbenden Volkskunst: in ihr sind uralte, über viele viele Generationen weitergereichte Motive aus Sagen und Legenden bewahrt.

Wer Götter sucht, der findet sie.

28 Hier wohnte der Häuptling! Die beiden schwebenden Figuren links von den vierfachen Kreisen tragen die klassischen Schürzen vorzeitlicher Astronauten, wie man sie auf vielen Monolithen findet.

30 In der Hand eine Strahlen-
waffe, wie sie auch die Götterdarstellungen in VAL CAMONICA,
Italien, und auf dem MONTE
ALBAN, Mexiko, besitzen. Und
um den Helm windet sich die
Schlange. Ist sie *das* Weltraum-
symbol?

◁ 29 Toltekische Monolithen im Museum für Völkerkunde, Berlin. — Das
Bild links ist betitelt: »Ode an den Sonnengott«. Stammt aus »Zurück zu
den Sternen«. Bild rechts ist eine eigene Aufnahme aus dem Amerikanischen Museum Madrid, das GIPSABGÜSSE der Originale besitzt. Wesentlich
sind die »Schürzen«, denn der PAIWAN-Stamm auf Formosa ritzte seine
Götter mit denselben »Schürzen« auf Holz und Stein. Waren sie Bestandteile einer Astronautenkleidung?

77

Da hängt ein 72 cm breites, 25 cm hohes Brett (Abb. 28), das einst an einem Haus signalisierte: Hier wohnt der Häuptling! Links von den markanten vierfachen Kreisen *schweben* zwei Figuren, die die nachgerade klassischen »Schürzen« vorzeitlicher Astronauten tragen, wie sie beispielsweise auch auf den toltekischen Monolithen (Abb. 29) im Völkerkunde-Museum Berlin zu finden sind. Beide Figuren stecken in einer Art von Overall und tragen Schuhe; die linke Gestalt trägt einen Helm und ausgefahrene UKW-Antennen.

Da stellt eine Holzplastik (Abb. 30) ein Wesen mit großen Geschlechtsmerkmalen dar, dessen Kopf von einem enganliegenden Helm geschützt ist. In den Helm ist ein kleines Dreieck eingraviert, vielleicht Emblem der astronautischen Formation, um den Helm windet sich eine Schlange! In biblischen Zeiten Symbol der Ekelhaftigkeit, des heuchlerischen Kriechens, erhebt sie sich in den Sagen der MAYAS als »gefiedertes Wesen« in die Lüfte und taucht nun auch hier, bei vergessenen Stämmen im Bergmassiv von For-

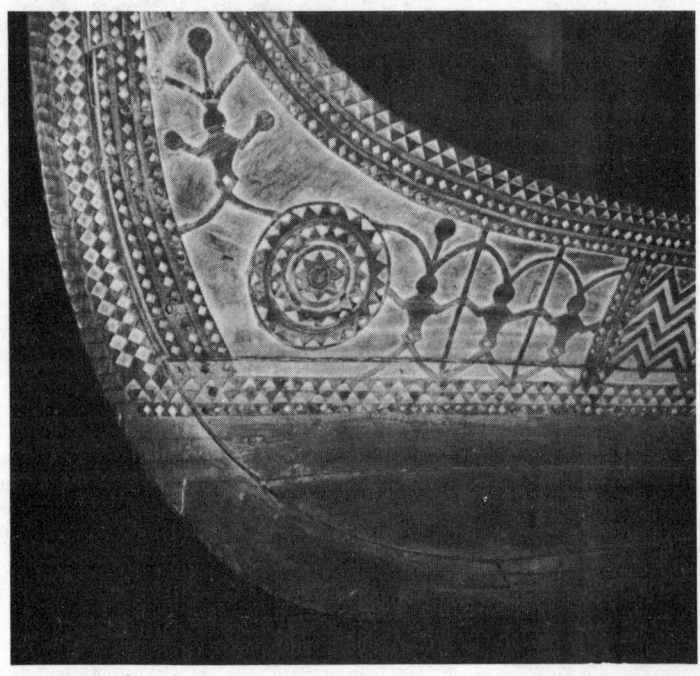

31 Warum bemalten die PAIWAN ihre Kanus mit Götterfresken wie im alten Ägypten? Was bedeuten die Antennenkontakte der Wesen?

78

32 Auf einer PAIWAN-Holztafel zeigen sich wiederum Schlangen, die sich um Sterne winden, deren dreieckige Köpfe himmelwärts glotzen.

mosa, neuerlich auf. Rund um die Welt Schlangen, fliegende Schlangen, in der überlieferten folkloristischen Kunst! Warum bemalten die PAIWAN ihre Kanus (Abb. 31) mit räudigen Schlangen, warum haben die »göttlichen Gestalten« helmrunde Köpfe, warum haben sie untereinander (Antennen-)Kontakt, warum enden die Kontakte in einer zahnradgespickten »Sonne«? – Warum glotzen Schlangen (Abb. 32), um Sterne gewunden, mit ihren dreieckigen Köpfen stets himmelwärts? – Warum balanciert ein PAIWAN-Gott (Abb. 33) eine Schlange in seinen Händen über sich und seinem Helm? – Warum ist ausgerechnet eine *weibliche* Gottin (Abb. 34) in eine Maske gehüllt, warum trägt sie eine unförmige Brille und um und über dem Kopf eine Schlange? Schick war diese Aufmachung wohl nie, aber zweckmäßig für einen Raumflug, und die Schlange ein Limit für den Weltraumflug.

Das alles sei im Sinne früher Religionen zu deuten, sagen Archäologen. Schlangen, sagen sie, seien göttliche »Sinnbilder der Ehrfurcht« gewesen. Warum haben die PAIWAN, wenn sie schon ihre Kanus mit Symbolen religiöser Provenienz zierten, dann nicht Fische, Haifische, Wellen oder Kröten als Vorlage genommen? Warum pinnte sich der Häuptling kein Schild mit dem Zeichen seines Stammes – es gibt wunderschöne! – an die Hauswand?
Die oft halbverfaulten Schnitzereien sind von bezaubernder Schönheit. Sie zeigen alle konzentrische Kreise, Spiralen und immer wieder die Verbindung von Mensch und Schlange, wobei die Schlange stets *über* den Wesen himmelwärts züngelt. – Manchmal sind die

79

33 Diese Holzplastik zeigt einen Gott mit engem Helm und auch wieder mit der Schlange, dem alten Zeichen der Weltraumfahrer.

Figuren nicht aufrecht stehend, sondern schwebend geschnitzt, als ob sie schwerelos wären. Ich halte solche Wiedergaben nicht für Eingebungen künstlerischer Phantasie. Daß ein Wesen *schweben* kann, müssen Vorvordere der PAIWAN gesehen und den Nachkommen berichtet haben. Die PAIWAN sind, heute noch, primitiv: sie stellen auf ihren herrlichen Schnitzereien *reale* Dinge ihrer Umwelt dar – und die Stereotypen, die aus einer ins Zeitlose weisenden Erinnerung kommen. Daß PAIWAN-Schnitzer ganz up to date sind, beweisen ihre zeitgenössischen Arbeiten: sie verewigen Männer in japanischen Uniformen mit Gewehren. *Die* haben sie *gesehen.* Sie bemühen ihre Phantasie nicht. Sie haben das nie getan, sie stellten zu allen Zeiten – in künstlerisch vollendeter Kombination mit Überliefertem – dar, was sie gesehen haben.

Ein besonders merkwürdiges Motiv ist ein Wesen mit drei Köpfen, das in einer Schlange fliegt – ein Motiv, das uns auf einem seidenen Manuskript der CHOU-Kultur (1122–236 v.d.Z.) wiederbegegnet.

Im HISTORISCHEN MUSEUM TAIPEH führte mich Direktor Y. C. WANG durch seine Sammlung von Darstellungen mythologischer Wesen, halb Mensch, halb Tier, oft mit Vogelköpfen auf geflügelten Ge-

34 PAIWAN-Göttin in einer Raumfahrermaske? Sie trägt die Schlange, ▷ Symbol des Weltalls, in den Händen und dazu eine unförmige Brille.

80

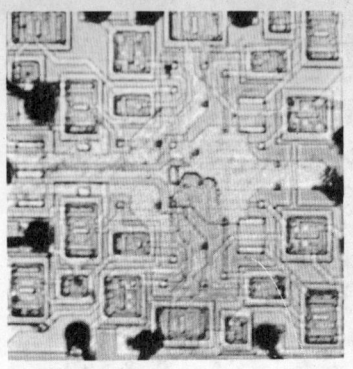

stalten, Parallelen zu den assyrisch-babylonischen Flügelwesen. –
Siegel aus der CHOU-Zeit sind zahlreich wie die Ringe in der
Schmuckschatulle eines Juweliers: bis zu einem Zentimeter groß,
sollen sie nichts als dekorative Verzierungen zeigen. Unter meiner
Lupe ähneln sie auf bestechende Weise integrierten Schaltkreisen. –
In »Bronze-Spiegeln« mit Durchmessern von 7 bis 15 cm sind
Symbole und Schriften graviert, die teilweise entziffert werden
konnten.
Die Entzifferung einer Schriftgravüre aus der CHOU-Dynastie lau-
tet:
»Wo immer Sonnen scheinen, gibt es Leben.«
Das Quadrat in der Mitte dieses Bronze-Spiegels (Abb. 35) möge
spaßeshalber gedruckten integrierten Schaltungen aus dem Hause
SIEMENS gegenüberstehen!

Der Geologe THUINLI LYNN erzählte mir von einer in der westlichen
Welt unbekannten Entdeckung:
Im Juli 1961 stieß der Archäologe TSCHI PEN-LAO, Professor für
Altertumsforschung an der Universität PEKING, im »Tal der Steine«
bei Ausgrabungen auf Teile eines unterirdischen Höhlensystems.
Westlich von YOYANG an den Ausläufern des HONAN-Gebirges, am
Südufer des TUNG-TING-Sees, fand der Archäologe in 32 m Tiefe
Zugänge zu einem Labyrinth. Gänge wurden lokalisiert, die zwei-
felsfrei unter den See hinausführen. Die Höhlenwände sind glatt
und glasiert. Wände einer Halle, Kreuzung mehrerer Gänge, sind
von Zeichnungen übersät: sie stellen Tiere dar, die alle in eine
Richtung fliehen, von Menschen getrieben, die »Blasrohre« an den
Lippen haben. Über den fliehenden Tieren, und das ist für mich

35 »Wo immer Sonnen scheinen, gibt es Leben«, lautet die entzifferte Inschrift eines Bronze-Spiegels. Wo immer Gravüren wie im Quadrat dieses Spiegels erscheinen, könnte man sie für gedruckte integrierte Schaltungen aus unserer Gegenwart halten! Mischt man das Quadrat des Bronze-Spiegels unter zwei integrierte Schaltkreise aus dem Hause Siemens, wird die Verblüffung perfekt! In der Mitte steht der Bronze-Spiegel!

– außer der Tatsache des unterirdischen Tunnelsystems – der sensationelle Kern des Berichts, fliegt ein Schild, auf dem Menschen stehen, die gewehrähnliche Geräte in den Händen halten, mit denen sie auf die Tiere zielen. Die Menschen auf dem »fliegenden Schild«,

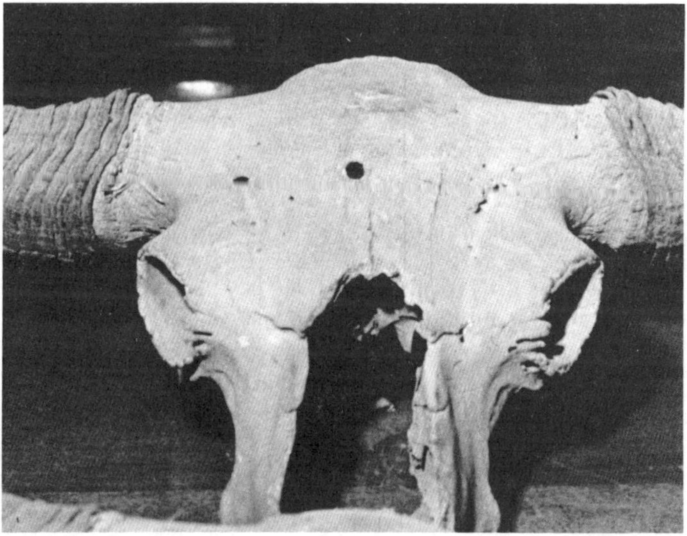

36 Dieses Bison-Skelett aus der Jungsteinzeit ist im MUSEUM FÜR PALÄ-ONTOLOGIE in MOSKAU zu besichtigen. Es hat in der Schädelplatte ein Einschußloch wie es nur eine Feuerwaffe hervorrufen kann. Rätselhafte Frage: Wer hatte 8000 v.d.Z. eine Schußwaffe?

37 Am Abend vor meiner Abreise aus TAIPEH gab mir Präsident KU CHENG-KANG ein Dinner im Kreise von Wissenschaftlern, Politikern und Museumsdirektoren. Sie alle halfen mir bei meinen Erkundungen.

berichtet Professor TSCHI PEN-LAO, tragen moderne Jacken und lange Hosen. Die Datierung der Entstehungszeit des Tunnelsystems, meint Herr LYNN, sei vielleicht inzwischen gelungen, doch kämen Nachrichten aus Rotchina nur spärlich und erheblich verzögert.

Der Bericht vom »fliegenden Schild« und den von oben herab auf fliehende Tiere zielenden Menschen erinnerte mich sofort an einen unvergessenen Eindruck, den ich 1968 aus dem MUSEUM FÜR PALÄONTOLOGIE, MOSKAU, mitnahm: dort liegt das Skelett eines Bisons (Abb. 36), dessen Stirnplatte von einem glatten Durchschuß getroffen wurde.

Die Urheimat der Bisons war das russische Asien. Das Alter des Bison-Fossils wird in die Jungsteinzeit (8000 bis 2700 v.d.Z.) datiert, als man noch, wie es die Zeitbezeichnung ausdrückt, Waffen durch Steinschliff herstellte, und die modernste Waffenkreation jener Epoche war das Steinbeil. Ein Schlag mit dem Steinbeil hätte allenfalls die Stirnplatte zertrümmert, in keinem Fall ein Durchschußloch hervorgebracht. In der Jungsteinzeit eine Feuerwaffe? Der Gedanke scheint in der Tat so absurd, daß die Zünftigen ihn mit einer Handbewegung abtun könnten, wenn nicht die Bisontrophäe des jungsteinzeitlichen Schützen in Moskau zu besichtigen wäre.

84

Am elften und letzten Abend meines Aufenthalts in TAIPEH gab Präsident KU CHENG-KANG, Mitglied der Nationalversammlung, ein Abendessen für mich (Abb. 37). Ich saß im Kreis erlauchter Wissenschaftler und Politiker: B. HSIEH, Professor an der FUJEN-Universität – SHUN YAO, im Januar 1972 noch UNESCO-Generalsekretär der Republik – HSU CHIH-HSIN und SHUANG JEFF YAO vom Public Relations Department – SENYUNG CHOW vom Government und freilich meine Museumsfreunde CHIANG, LYNN, WANG und WU.

Die Namen der Herren sollen teilweise üblich sein wie Herr Müller, Mister Smith und Monsieur Dupont. Ich hatte Mühe, die stets freundlich lächelnden Gesichter auseinanderzuhalten, es gelang mir nicht, sie mit Namen zu versehen.

Während ich mit der TWA auf die Pazifikinsel GUAM flog, machte ich Bilanz. Die BAIAN KARA ULA-Protokolle hatte ich nicht einsehen, wohl aber einen weißen Fleck auf meiner Landkarte der Götterdomizile im chinesischen Raum ausmerzen können.

Spuren, wie ich sie suche, finden sich rund um den Globus.

PS: Mein Film ERINNERUNGEN AN DIE ZUKUNFT wurde vom Staatsfilmverleih für das MAO-Reich gekauft. Vielleicht ermöglicht er mir eine Studienreise nach PEKING. Mit Ansichtspostkarten in der Hand, werde ich die AKADEMIE mit dem Historischen Archiv schon finden. Außerdem wollte ich längst in die Wüste GOBI ...

Wer baute Nan Madol? – Mikadospiel mit Basaltblöcken – Ein vor-
zeitliches Tunnelsystem – Platinsärge? – Die unheimlichen Fähig-
keiten des Drachenzauberers – Auf Inselsuche ohne Rückkehr – Wie
Neu-Seeland entstanden ist – Einmann-Fluggeräte en masse – Poly-
nesische Legenden – Wie die Mythenforschung irrt – Was man in
einer Geode fand – Wodurch sind die armen Polynesier so reich? –
Sakao, das LSD der Südsee

Die größte Inselgruppe Mikronesiens mit über 500 Inseln und einer
Gesamtfläche von 1340 qkm sind die KAROLINEN.
Mit 504 qkm ist PONAPE die größte der Karolinen-Inseln, dreimal
so groß wie das Fürstentum Liechtenstein, mit dem sie etwa die
gleiche Einwohnerzahl: 18000 gemeinsam hat. Das Klima ist tropisch, der größere Teil von PONAPE ist gebirgig und unbewohnbar.
Rings um PONAPE liegt ein Gürtel von kleinen Inseln und Inselchen
und von Korallenriffen. Eine der winzigen Inseln, etwa so groß wie
die Vatikanstadt mit 0,44 qkm, heißt – laut Atlas – TEMUEN. Auf
TEMUEN liegen die gewaltigen Ruinen von NAN MADOL, sie nehmen
fast das ganze Eiland ein, geben ihm seine Bedeutung und seinen
Ruf, so daß TEMUEN längst als NAN MADOL in den Sprachgebrauch
eingegangen ist. Die Ruinen von NAN MADOL gibt es seit frühen
Zeiten, die Entstehungszeit der vorzeitlichen Anlagen ist noch nicht
datiert, die Herkunft ihrer Erbauer ist unbekannt.
Hier die historisch gesicherten Daten der Insel PONAPE und ihrer
Inselchensatelliten:

1595 Der Portugiese PEDRO FERNANDES DE QUIROS landet mit der
SAN JERONIMO. Die ersten Weißen betreten die Insel ... und sehen
die Ruinen auf NAN MADOL
1686 Die ganze Inselgruppe geht in spanischen Besitz über und
wird nach dem König Karl II Karolinen getauft
1826 Mit Überlebenden eines Schiffbruchs betritt der Ire JAMES
O'CONELL die Insel, wird von den Ponapesen freundlich empfangen,
heiratet eine Eingeborene
1838 Ab diesem Jahr melden die Annalen der Insel verschiedene
Besuche weißer Gäste
1851 Eingeborene massakrieren eine britische Schiffsbesatzung.
Eine Strafexpedition richtet auf PONAPE ein Blutbad an

1880 Missionare christlicher Konfessionen und Sekten fallen wie Heuschreckenschwärme ein, verbrennen Schrifttafeln der Frühgeschichte, verbieten überlieferte Volksbräuche

1899 Spanien verkauft die ponapesische Inselgruppe (nebst den Mariánen und Palau-Inseln) an das Deutsche Reich

1910 Die Insulaner ermorden Missionare und Regierungsbeamte. Nur wenige Weiße entkommen dem Massaker

1911 Der deutsche Kreuzer EMDEN beschießt die Insel, Rebellen werden niedergemacht, ihre Anführer öffentlich gehängt

1919 Die Karolinen, samt PONAPE, kommen unter japanische Mandatsverwaltung

1944 Während der Schlacht in der Südsee okkupieren die Amerikaner die Inselgruppe

1947 Die Inseln werden Treuhandgebiet der USA.

Das sind die zweifelsfrei belegten historischen Daten von PONAPE. Es steht also fest, daß die geheimnisumwitterten Ruinen auf NAN MADOL lange, lange vor dem ersten Besuch von Weißen anno 1595 existierten. Es ist nicht wahr, daß die Geschichte der Inselbewohner erst seit ihrer »Entdeckung« in die Legenden um NAN MADOL eingegangen ist. Die Geschichte seit 1595 ist so gut wie lückenlos bekannt. Die Legenden um NAN MADOL wissen viel mehr zu berichten als diese neuzeitlichen Fakten, sie sind also unendlich viel älter. Nur weil man keine überzeugende Erklärung für das Mysterium von NAN MADOL anbieten kann, will man uns mit »Philologen-Latein« klug kommen

Nachdem ich mehr als eine Woche in der feuchtheißen Hölle von NAN MADOL mit Meßband, Fotoapparaten und Notizblock verbracht habe, kann ich über die bisherigen »Deutungen« – leider! – nur noch müde lächeln. Ich halte mich, weil ihr Inhalt plausibler ist, lieber an die Legenden.

Wir werden sehen warum.

Als ich mit einer Boeing 727 der CONTINENTAL AIRLINES AIR MICRONESIA auf PONAPE landete, ahnte ich nicht, in welche Strapazen, aber auch vor welche Überraschungen mich meine Neugier treiben würde. Über das Hotel KASEHLIA gechartert, fuhr ich mit einem kleinen Motorboot, nicht größer als ein Eingeborenenkanu, durch tropisch überwucherte Kanäle, die die vielen Inseln voneinander trennen. Es war drückend heiß und die Luft so feucht, daß man meinte, sie kaum noch einatmen zu können (Abb. 38).

Mit meinen beiden eingeborenen Begleitern passierte ich viele Inselchen, und dann lag NAN MADOL vor uns, eines unter vielen gleichen,

38 Auf Dschungelkanälen fährt man zwischen den Inselchen hindurch, eine Welt, die nur tropischen Pflanzen und exotischen Vögeln gehört.

das sich nur durch die seltsame Last, die es trägt, von allen anderen unterscheidet. Auf diesem tropischen Eiland liegt, nicht größer als ein Fußballstadion, das Pantheon, die kleine Basaltstadt, das sagenhafte Retiro vorzeitlicher Bewohner. Man steht abrupt vor diesen Zeugnissen der Frühgeschichte, man ist auf diese »Begegnung« nicht vorbereitet.

Die Grundrisse der Anlagen sind, wenn man sich ausreichend umgeschaut hat, im Gewirr des Ruinenfeldes deutlich erkennbar. Wie beim Mikado-Spiel sind zahllose Stäbe übereinandergelegt, geschichtet, geordnet. Es kann kein einfaches Spiel gewesen sein, das hier gespielt wurde, denn die Stäbe sind tonnenschwere Basaltstangen, Basaltklötze. Es handle sich, sagt die bisherige Forschung, bei diesen Basaltstangen um erkaltete Lava. Mir kam das spanisch vor, als ich Meter um Meter feststellen mußte, daß die Lava ausschließlich sechs- oder achteckige Säulen, nach Maß, in etwa gleichen Längen erstarren ließ (Abb. 8 und 9 F).

Da an der Nordküste von PONAPE tatsächlich Säulenbasalt gewonnen wurde, bin ich bereit, über die dümmliche Erklärung der maßgerecht erstarrten Lavasäulen hinwegzusehen und zu unterstellen, dieses erstklassige und exakt bearbeitete Baumaterial wäre an der Nordküste gebrochen und bearbeitet worden. So weit – so schlecht, denn die durchschnittlich drei bis neun Meter langen und oft über zehn Tonnen schweren Blöcke müssen dann ja wohl von der Nordküste

88

von PONAPE durch das Labyrinth der Dschungelkanäle, an Dutzenden von gleich brauchbaren Inseln vorbei, nach NAN MADOL transportiert worden sein. Ein Transport auf dem Landweg scheidet aus, denn den dichten Dschungel überfluten mehrmals am Tag seit Urzeiten Regengüsse, überdies ist PONAPE eine gebirgige Insel. Akzeptiert man sogar noch, daß Straßen im Dschungel freigeschlagen wurden und daß es Transportmittel gab, die die Berge überwinden und sich durch den sumpfigen Morast wühlen konnten, dann stand die schwere Last zuletzt doch an der Südostecke der Insel, und man hätte sie dann auf Schiffe verladen müssen.

An Ort und Stelle erklärte man mir, der Transport zu Wasser sei wohl mit Flößen bewältigt worden – eine Auffassung, die der anderen widerspricht, die mir ein Gelehrter ernsthaft verkaufen wollte: die Ureinwohner hätten die Basaltkloben unter ihre Kanus gehängt, auf diese Weise das Gewicht verringert und so Stück für Stück nach NAN MADOL gerudert.

Ich habe mir die Mühe gemacht, die Basaltblöcke einer Seite des Hauptbaus zu zählen. Bei einer Seitenlänge von 60 m addierte ich 1082 Säulen. Der Bau ist quadratisch, die vier Außenwände zeigen 4782 Basaltelemente. Von einem Mathematiker ließ ich mir aus Breite und Höhe den Rauminhalt samt der für seine Auffüllung notwendigen Basaltsäulen errechnen: der Hauptbau »verschlang« etwa 32000 Stück. Der Hauptbau ist aber nur ein Teil der Anlage. (Siehe Karte Abb. 39.)

Es gibt Kanäle, Gräben, Tunnels und eine 860 m lange Mauer, die an der höchsten Stelle 14,20 m mißt. Der rechteckige Hauptbezirk ist in Terrassen, auch aus erstklassigen Basaltquadern gebaut, abgestuft. Das von mir vermessene Haupthaus hat über 80 kleine Dependancen. Die Zahl 32000 als Anhaltspunkt, liegt die Schätzung der allein in die 80 Bauwerke installierten Basaltsäulen mit rund 400000 Stück eher zu niedrig als zu hoch. Falschen Erklärungen kommt man stets auf die Spur, wenn man eine rechnerische Nagelprobe macht. Wie zum Beispiel diese:

Zu Zeiten, als die Anlage von NAN MADOL entstanden ist, gab es auf Ponape, von allen Forschern bestätigt, eine zum Stand von heute vergleichsweise geringe Einwohnerzahl. Die Arbeit im Steinbruch an der Nordküste war schwer, mühevoll, langwierig. Der Transport der bearbeiteten Werkstücke durch den Dschungel brauchte ein ganzes Heer kräftiger Männer, und auch die Zahl der Schauerleute, die die Blöcke unter die Kanus banden, war beträchtlich. Schließlich und endlich mußten ja auch eine Anzahl Insulaner die Kokosplamen beernten, fischen und für den täglichen Unterhalt sorgen. Falls also je Tag vier, mehrere Tonnen schwere Basaltsäulen die Südküste zum Abtransport nach NAN MADOL erreicht haben, dann wäre das wohl, mit den gegebenen »technischen« Möglichkeiten eine gigantische, bewunderungswürdige Leistung gewesen. Da es seinerzeit auf keinen Fall Gewerkschaften gegeben hat, unterstelle ich, daß volle 365 Tage gearbeitet und geschuftet wurde. Wären ganze 1460 Basaltblöcke pro Jahr auf NAN MADOL angelandet! Wären 296 Jahre nötig gewesen, um nur das Material an die Baustelle heranzuschaffen!

Nein, so dumm sind menschliche Lebewesen zu keiner Zeit gewesen, daß sie sich solcher Tortur ohne Grund unterzogen hätten. Wenn schon Basaltsteinbrüche an der Nordküste von PONAPE, *warum* hat man dann diese Anlage nicht auf der Hauptinsel errichtet? *Warum* baute man auf einem vom Steinbruch so weit entfernten Inselchen?

Gibt es keine überzeugende Erklärung?

NAN MADOL ist keine »schöne« Stadt, ist es mit Gewißheit auch nie gewesen. Es gibt keine Reliefs, keine Skulpturen, keine Statuen oder gar Malereien. Es ist eine kalte, abweisende Architektur. Hart, roh, drohend sind Basaltbrocken aufeinandergetürmt. Das ist verwunderlich, weil die Südseeinsulaner ihre Paläste oder Festungen stets in verschwenderischer Weise mit Ornamenten schmückten: Paläste und Festungen waren Plätze, an denen Könige geehrt oder Götter versöhnlich gestimmt werden sollten. Das spartanische Mauerwerk von NAN MADOL schließt beide Möglichkeiten aus. – War es eine Verteidigungsanlage? Die Terrassen, die den Aufstieg zu den Bauten erleichtern, führen diesen Zweck ad absurdum: wann je wäre Feinden ein solches Angebot gemacht worden? Aber: die Terrassen geleiten zum Zentrum des Planes, zum »Brunnen«.

Dieser Brunnen ist kein Brunnen, es ist der Einstieg zum Anfang oder zum Ende eines Tunnels. Daß die Öffnung heute bis knapp zwei Meter unter dem Rand mit Wasser vollgelaufen ist, beweist nichts, denn auch die Anlagen von NAN MADOL führen über den Inselrand hinaus und sind mit bloßen Augen unter der Wasseroberfläche zu sehen, bis sie sich im Meer verlaufen.

Was aber soll ein Tunnel auf der winzigen Insel? Wohin, woher führt er?

39 Diesen Grundplan der Anlagen von Nan Madol fertigte Paul Hambruch ▷ während seiner Forschungsarbeiten in den Jahren 1908–1910 an, er wurde von K. Masao Hadley auf den jeweils jüngsten Stand gebracht. Die Grundrisse sind im Ruinenfeld deutlich erkennbar.

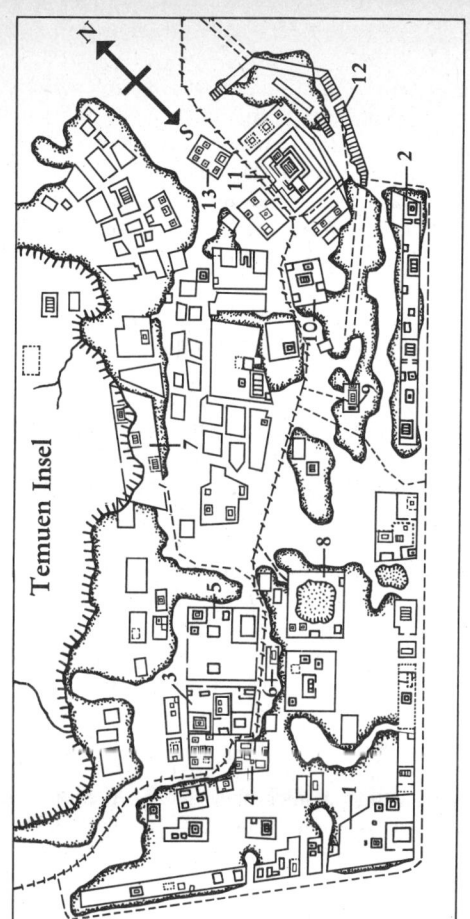

Zeichenerklärung:

	Hausfundamente	- - - - - - - - - - - - -	unvollständige Bauten
	Fundamente mit Feuerloch	- - - - - - - - -	Kanal
	Begräbnisgewölbe	/////////	Hauptkanal

Zuerst las ich in Herbert Rittlingers Buch »Der maßlose Ozean« von dieser Merkwürdigkeit. Rittlinger, der die Südsee forschend bereiste, erfuhr auf PONAPE, daß hier vor ungezählten Jahrtausenden der prachtglänzende Mittelpunkt eines ruhmvollen Reiches gewesen sei. Die Berichte von dem sagenhaften Reichtum hätten Perlenfischer und chinesische Handelsleute verlockt, heimlich den Meeresboden abzusuchen, und die Taucher wären allesamt mit unglaublichen Berichten aus der Tiefe aufgestiegen... sie hätten auf dem Grund über wohlerhaltene, von Muscheln und Korallen überwucherte Straßen gehen können... es gäbe »da unten« zahllose Steingewölbe, Säulen und Monolithen... an deutlich erkennbaren Häuserresten würden behauene Steintafeln hängen.

Was die Perlenfischer nicht fanden, entdeckten japanische Taucher mit modernen Geräten und bestätigten mit ihren Funden, was die Legenden von PONAPE überliefern: den großen Reichtum an Edelmetallen, an Perlen und Silberbarren. Im »Haus der Toten« (also dem Haupthaus der Anlage), weiß die Legende, ruhen die Leichname. Die japanischen Taucher berichteten, die Toten seien in wasserdichten Platinsärgen beigesetzt. Tatsächlich brachten die Taucher Tag für Tag Platinstücke mit an die Oberfläche! Tatsächlich wurden die Hauptausfuhrartikel der Insel — Kopra, Vanille, Sago, Perlmutter — durch Platin verdrängt! Diese Platinförderung, berichtet Rittlinger, hätten die Japaner betrieben, bis eines Tages zwei Taucher trotz moderner Geräte nicht wieder hochgekommen seien, dann sei der Krieg ausgebrochen und die Japaner hätten abziehen müssen. Er schließt seinen Bericht:

»Die Berichte der Eingeborenen, überwuchert von jahrhundertealten Legenden, sind wahrscheinlich übertrieben. Aber die Platinfunde auf einer Insel, deren Fels sonst kein Platin enthält, waren und bleiben eine höchst reale Tatsache.«

Das alles geschah um 1939.

Ich glaube nicht an die Metall- oder gar Platinsärge. Sechs- oder achteckige Basaltpfeiler, von Muscheln und Korallen überwuchert, lassen sich unter Wasser leicht mit der Form von Särgen verwechseln. Särge hin, Särge her. Tatsache bleibt, daß Japan seit seiner Mandatsherrschaft ab 1919 von Ponape aus Platin exportierte. Woher stammten diese Platinmengen?

Mögen die Särge eine Täuschung gewesen sein, überzeugen mich doch die Taucherberichte von Häusern, Straßen und Steingewölben auf dem Meeresgrund, denn diese Bauten sieht man im klaren Wasser auf den Inselrand »zuwachsen« und erkennt deutlich, wie sie zum angeblichen Brunnen hin führen. Hier war, meine ich, mit großer Wahrscheinlichkeit der Einstieg in ein die Insel beherrschendes Tunnelsystem. Und: NAN MADOL hat nichts Gemeinsames mit dem sagenhaften ATLANTIS, das – nach Plato – 9000 v. d. Z. im Meer versank. Hier liegen die überirdischen Bauten dort, wo sie vor Urzeiten angelegt wurden, und ihre Fortsetzungen unter Wasser sind planmäßige Anlagen, die im Zuge der Bauarbeiten von NAN MADOL entstanden. Hier gibt es Relikte wunderbarer Bauten, aber hier gibt es keine Wunder.

Was berichten die überlieferten Legenden über die mysteriösen Ruinen von NAN MADOL?

Die auf PONAPE lebenden Forscher K. MASAO HADLEY, PENSILE LAWRENCE und CAROLE JENCKS haben Material gesammelt, ohne dem Inhalt eine mögliche Auslegung zu geben.

Der Hauptbau wird in der Legende als »Tempel der heiligen Taube« geführt. Noch vor drei Jahrhunderten wäre der Taubengott und Oberpriester NANUSUNSAP in einem Boot durch die Kanäle gerudert und ihm gegenüber habe stets eine Taube gesessen, der er ohne Unterlaß in die Augen habe schauen müssen: habe die Taube geblinzelt – und Tauben tun das ständig! – hätte der arme Oberpriester zurückblinzeln müssen. Eine drollige Vorstellung.

Ursprünglich jedoch, melden die Legenden, wäre nicht die Taube das Symbol der Gottheit von NAN MADOL gewesen, sondern ein feuerspeiender Drache. Um diesen ehemals heimischen Drachen ranken sich denn auch die Berichte von der Entstehungsgeschichte der Insel und der Bauten. Die Mutter des Drachen habe durch ihr gewaltiges Schnauben die Kanäle ausgehoben und auf diese Weise die Inselchen entstehen lassen – der Drache hatte einen Zauberer als Adjutanten gehabt, und dieser Drachen-Zauberer hätte einen Vers gewußt, mit dem er, dank der Kraft des Zauberspruches, die Basaltklötze von der großen Nachbarinsel herüberfliegen lassen konnte, um sie dann – mit einem anderen Vers – ohne einen Handgriff der Bewohner auf NAN MADOL aufzuschichten.

Amüsiert habe ich mich über eine Interpretation der Drachen-Legende. Der Drache, sagen die Archäologen, sei eigentlich kein Drache, vielmehr ein Krokodil gewesen, das sich nach NAN MADOL verirrt und dort erhebliche Unruhe gestiftet habe. Krokodile gibt es in der Südsee etwa 3000 Meilen von der Insel entfernt. Mag sich irgendwann ein Krokodil verirrt haben – warum nicht? – dann gibt das immer noch keinen Grund dafür, daß eine einzige Panzerechse in die Legende einging, nicht aber die ungleich eindrucksvollere Entstehung der Bauten von NAN MADOL! *Ein* Krokodil hinterläßt Spuren in der Volkslegende – Bauten aber, deren Rudimente heute noch

staunenswert und unerklärbar sind, finden in den Legenden keine
Beachtung? Das Krokodil baute doch wohl keine Terrassen, Häuser,
Tunnels. Oder?

Selbstverständlich gibt es viel, viel mehr Legenden über NAN MADOL
als die von der Taube und vom Drachen. Der deutsche Ethnologe
PAUL HAMBRUCH gab im zweiten Band seiner »Ergebnisse der Südsee-Expedition 1908 bis 1910« (Berlin 1936) eine gründliche Über-
sicht über Sagen, Mythen und Legenden der Karolinen. Das »Di-
strict-Economic-Development-Office« in PONAPE verkauft Touristen eine Broschüre mit Daten der Geschichte und Legenden für
einen Dollar. Wenn ich hier vorerst nur die Drachen-Legende vor-
lege, hat das gute Gründe. Ich tue es nicht, weil ich hier einen *ein-
maligen* Taufpaten und Kronzeugen für mein Götter-Konzept gefunden habe.

Auf allen Südsee-Inseln, die Ruinen alter Bauten vorweisen und
ihre Vergangenheit in Mythen belegen können, gibt es die wilde
Behauptung, große Steine seien durch die Luft an ihren Bestim-
mungsort geflogen. Das prominenteste, weil weltbekannte Muster
dieser Legenden-Aussage ist die OSTERINSEL. In ihren Mythen
tragen die RAPANUI-Leute über alle Zeiten weg das »Wissen«,
wonach die etwa 200 Riesenstatuen rund um die Inselküste »aus
der Luft« und »von selbst« in ihre Positionen gegangen seien.

Die Drachen-und-Tauben-Legenden gibt es überall, freilich in verschiedenen Fassungen. In der Fülle des weiteren Legendenstoffes
dominieren kriegerische Ereignisse, Abfolgen ehemals herrschen-
der Königsgeschlechter, Hochzeiten und Morde wie auch verifi-
zierbare historische Fakten jüngeren Datums. Dieser umfängliche
Teil der Legenden geht von Tatsachen aus, er hat einen realen
Kern. Das scheint mir nur logisch, denn auch die kühnste Phantasie
braucht Anlässe, quasi Startrampen für kühne Gedanken. Menschliche Phantasie lehnt sich selbst dann, wenn es sich um scheinbare
Utopie handelt, an Erlebtes oder mindestens im jeweiligen Stadium
Denkbares an. Nun sind Drachen ein globales Element in Mythen
und Legenden. Die frühesten Sagen der Chinesen kennen sie wie sie
bei den Mayas ihren selbstverständlichen Platz haben. Diese feuer-
speienden Ungeheuer sind jedem alten Volk der Südseegemeinschaft
vertraut, gelegentlich auch als lärmende, fliegende Schlangen. Alle
aber beherrschen die fabelhafte Kunst, größte und schwerste Gegenstände über weite Entfernungen in vorbestimmter Ordnung an den
Platz X befördern zu können. Welcher Baumeister unserer Tage
möchte nicht gern Drache mit solchen Fähigkeiten sein?

Die phantasiebegabten Urväter erbauten NAN MADOL. Nicht an

einem Tag. Unter freundlicher Assistenz eines Mathematikers errechnete ich, daß dafür annähernd 300 Jahre notwendig waren. Über viele Generationen hin wurde mit Blut, Schweiß und Tränen geschuftet. Warum hat sich diese enorme Leistung der Insulaner nicht in der *belegten* Historie niedergeschlagen, markant eingezeichnet, wenn sie — wie die Archäologen behaupten — erst vor 500 Jahren erbracht wurde? Der »Beweis« für diese junge Datierung ist sehr, sehr mager: Vor sechs Jahren wurde unter einem Basaltblock beim »Brunnen« ein Holzkohlenrest gefunden. Es wurde eine Zeitbestimmung nach der C-14-Methode vorgenommen, die ergab eine Datierung um 1300 n.d.Z.

Abgesehen von der — inzwischen vielfach attestierten — Ungenauigkeit der C-14-Methode, die ein konstantes Verhältnis des radioaktiven Isotops des Kohlenstoffs (C) mit dem Atomgewicht 14 in der Atmosphäre voraussetzt, ist es viel eher möglich, ja, sogar wahrscheinlich, daß Nachfahren auf den längst vorhandenen Basaltbauten ein Feuerchen anzündeten. Das sind doch keine ernst zu nehmenden Feststellungen, das sind Tricks, die bluffen sollen, wenn man nicht weiter weiß ...

POLYNESIEN (griechisch: Vielinselland), die Inselgruppen des östlichen Ozeaniens, liegen in dem großen Dreieck zwischen Hawaii, den Osterinseln und Neuseeland. Die Ureinwohner aller polynesischen Inseln auf 43700 qkm Festland haben Sagen und Legenden gemeinsam, sie haben gemeinsame Sprachstämme und — mit nur geringen Varianten — ein gemeinsames Äußeres. Und gemeinsame Götter!

Die Mehrzahl der Polynesien-Spezialisten, Archäologen, Anthropologen und Altphilologen, sind sich darin einig, daß Kultur und Sprache von Ostpolynesien aus verbreitet wurden. Dieser Version folgend, ging der Kultur- und Sprachenexport von der Gruppe der neun COOK-Inseln und ihren vielen Atollen aus, von der großen Insel TAHITI (1042 qkm) wie von der Gruppe der TUAMOTU-Inseln mit ihren etwa 80 Atollen aus, aber auch von den MARQUESA-Inseln und den MANGAREWA-Inseln.

Ich wage nicht, diese wissenschaftlichen Resultate zu bekritteln, aber ich habe Fragen vorzubringen.

Wie haben die Ostpolynesier beim Kulturexport die gewaltigen Distanzen zwischen den Inseln zurückgelegt?

Da gibt es die Theorie, sie hätten sich mit ihren Kanus in die Strömungen des Meeres eingeschleust und dann treiben lassen. Treiben — wohin?

Fortsetzung Seite 106

1 In der kosmologischen Schatzkammer von Maria Auxiliadora leuchtet eine massive Goldkugel. Die breite Krempe könnte sowohl eine Andockrampe für Zubringerschiffe wie auch den in Zellen unterteilten Speicherraum für Sonnenenergie darstellen. Der technisch-spekulativen Phantasie sind keine Grenzen gesetzt. Das Negativ im Stein liegt im Türkischen Museum in Istanbul. (S. 97)

2 Schwerer goldener Diskus von 22 cm Durchmesser. Ein kostbar-geheimnisvoller Nachrichtengeber, auf jeden Fall kein usueller Verteidigungsschild! (S. 98 oben)

3 Bemerkenswert an dieser Pyramiden-Goldplastik: die Schlangen sind dort, wohin sie gehören — am Himmel, am Fuße der Pyramiden Elefanten, die Künstler nach 12 000 v.d.Z. in Südamerika nicht gesehen haben können. Die Schrift am unteren Pyramidenrand ist unbekannt, bis zum heutigen Tag nicht gedeutet. (S. 98 unten)

4 Das ist Pater Carlo Crespi, der im Hinterhof der Kirche Maria Auxiliadora in Cuenca unvorstellbare Gold- und Silberschätze sammelt und bewacht. (S. 99 oben)

5 Dominierend auf der Goldplatte eine Pyramide, an der Schlangen emporzüngeln. Deutet die Zahl der Kreise auf im Bauwerk beigesetzte Astronauten hin? (S. 99 unten)

6 Diese Goldplastik von 52 cm Höhe zeigt normale menschliche Proportionen — außergewöhnlich ist, daß sie an Händen und Füßen nur jeweils vier Finger bzw. Zehen hat! Ernsthafte wissenschaftliche Erklärung: eine Rechenmaschine! Waren die Inkas so töricht, eine Figur zu produzieren, um eine »4« darzustellen? — Es handelt sich um die »Gottheit des Sterns«. (S. 100)

7 Auf dieser 98×48×3 cm großen Goldplatte wird man immer neue Entdeckungen machen ... ein Stern, ein Wesen mit dickem Bauch, ein Mensch im Panzerhemd mit Helm, Gesichter, ein Rad, aus dem ein Gesicht späht, ein Gesicht, das aus einem anderen herauswächst undundund ... Der ganze turbulente Wirrwarr wird von einer *fallenden Bombe* bedroht, die der Künstler deutlich durch zwei Scharniere hervorhob. (S. 101)

98

8 Sechs- oder achteckig sind die bis zu fünf Meter langen Basaltstempel, die sich an einigen Stellen bis zu 25 m hoch türmen. (S. 102 oben)

9 Über 80 Dependancen, auf Terrassen angeordnet, umgeben den Hauptbau — von einer 860 m langen, bis 14,20 m hohen Mauer schützend umgrenzt. (S. 102 unten)

10 Als ob sie aus dem Meer aufgestiegen wären, liegen diese Kugeln hier in der Moeraki-Bucht. Im Gegensatz zu den Phänomenen von Costa Rica sind diese Kugeln auf *natürliche* Weise entstanden — vor 135 Millionen Jahren, während der oberen Kreidezeit. (S. 103)

11 Prunkstück einer Goldstele: 52 cm hoch, 14 cm breit, 4 cm dick. In 56 Quadrate sind 56 verschiedene Schriftzeichen wie »gestempelt«. Die Folien der Metallbibliothek im Großen Saal zeigen haarscharf dieselben Zeichen! Kannte der Verfertiger dieser Stele einen Code, ein Alphabet von 56 Buchstaben oder Symbolen, die sich zu einer Schrift ordneten? *Bisher* wird behauptet, in den südamerikanischen Kulturen habe es keine alphabetähnlichen Schriften gegeben! (S. 104)

Seit einem halben Jahrhundert weiß man aus der Erforschung der Meeresströmungen sehr genau, in welchen Richtungen sich die großen, kräftigen Strömungen bewegen, welche Küsten sie berühren. So beweist die Karte der Meeresströmungen schlüssig, daß die ostpolynesischen Exporteure Neuseeland, die größte Insel im südlichen Pazifik, mit ihren primitiven Kanus *gegen* die Strömung hätten erreichen müssen.

Eine beliebte Erklärung für den kompaß- und motorlosen Verkehr ist die, daß die Seefahrer zwischen Ostpolynesien und Neuseeland so lange in Nord- oder Südrichtung fuhren, bis sie sich östlich oder westlich von ihrem Ziel befanden: dann fädelten sich die cleveren Burschen haarscharf in die Strömungen ein.

Ja, wenn die Urpolynesier moderne maritime Kenntnisse und technische Hilfen gehabt hätten! Was wußten sie denn von dem auf Punkt richtigen Breitengrad, von dem ab sie nach Ost oder West abbiegen mußten? Und woher kannten sie ihr Ziel? Wußten sie, daß und wo es andere Inseln gab?

Wer unterstellt, die Urpolynesier hätten sich exakt der Strömungen bedient – die gegen ihre Expeditionsrichtungen verliefen! – der muß bereit sein, anzuerkennen, daß ihnen Kenntnisse der Meeresströmungen geläufig waren. Falls Wissenschaftler bereit sind, *diese* notwendige Voraussetzung für eine erfolgreiche Navigation zwischen den Inseln zu akzeptieren, dann will ich mich gern der Strömungstheorie anschließen, muß aber zugleich die Frage stellen dürfen, *woher* sie dieses Wissen hatten.

Es geht um den Kulturexport von Ost nach West über riesige Distanzen, die ich hier nach Angaben der internationalen Luftfahrtgesellschaften benenne:

Osterinsel–Tahiti	= 3700 km
Tahiti–Fidschi	= 4300 km
Fidschi–Australien	= 3000 km
Kalifornien–Hawaii	= 4000 km
Hawaii–Marshallinseln	= 3800 km

Hätte trotzdem der Zufall ein Floß oder ein Kanu an der Küste einer bis dato unbekannten Insel landen lassen, dann hätten die kühnen Seefahrer (gegen die Strömung!) nie wieder Verbindung mit ihrer alten Heimat bekommen, sie hätten nicht mal Kunde dorthin gelangen lassen können: »Land über!« Die tollkühnen Aquanauten hätten sich von der zufällig angelandeten Insel aus – wären sie noch mal in See gestochen – immer weiter vom Heimathafen entfernt. Die Heimkehr hätten die stärksten Männer in den Kanus nicht geschafft. Sie vollbrachten allerdings, der Wissenschaft zufolge, eine andere erstaunliche Leistung: sie hatten zwar keine Frauen mit von der Partie, versorgten die Inselchen aber nicht nur mit Kultur, sie zeugten auch Kinder, die sich dann fleißig vermehrten. Wie sie das wohl gemacht haben?

Die Ostpolynesier haben nach den Sternen navigiert! »Wenn das ›Kreuz des Südens‹ im Herbst um Mitternacht am Horizont steht, müssen wir links steuern, um Bora-Bora zu erreichen.«

Woher wußten die Kulturbringer, wo Bora-Bora liegt? War irgendwer vor ihnen auf den vielen hundert Inseln? Auf welche Weise bekamen die »Entdecker« von der Heimatinsel Meldungen, die zu solcher Positionsbestimmung nötig waren?

Heute weiß der Seemann (im Gegensatz zum vorgeschichtlichen Entdecker), *daß* sein Ziel existiert, wo es liegt und auf welcher Route er es findet. Den Urpolynesiern fehlten alle notwendigen Kenntnisse. Wenn sie eine Insel erreichten, legte sie ihnen ein glücklicher Zufall in den Weg.

Die intelligenten und kunstfertigen Ureinwohner Neuseelands, die MAORI, kennen eine Sage, die zum Nachdenken anregt.

Danach gab es in frühen Zeiten den König KUPE, der in Begleitung zweier Töchter und zweier Vögel offenbar eine Art von wissenschaftlicher Expedition unternommen hat. KUPE entdeckte die Ostküste Neuseelands, ging an Land und schickte die beiden Vögel zur Erkundung aus. Der eine Vogel bekam den Auftrag, das Gefälle der Flüsse und die Meeresströmungen zu messen – der andere mußte Beeren und Pflanzen auf ihre Genießbarkeit hin analysieren. Der erste Vogel brach sich beim Messen eines Wasserfalls die Flügel – lahm, wie er war, konnte er nicht mehr fliegen. Der zweite Vogel, berichtet die MAORI-Sage, habe eine so köstliche Beerenart gefunden, daß er es vorzog, den Rest seines Lebens im Wald zu verbringen: KUPE sah ihn nicht wieder. Deshalb, heißt es, habe König KUPE mit seinen Töchtern nicht in die Heimat zurückkehren können. Warum eigentlich nicht?

Der König besaß doch noch sein Kanu, mit dem er die Expedition antrat. Beide Töchter, mutmaßlich sportive junge Damen, waren bei ihm. Trotzdem war die Heimreise nicht möglich. Brauchte er die klugen Vögel – die der Sage nach erheblich mehr konnten als Fliegen – zur Navigation?

Die Merkwürdigkeit dieser Sage wird von der ältesten MAORI-Legende weit übertroffen, behauptet sie doch, Neuseeland sei von dem Gott MAAUI aus den Fluten des Meeres gefischt worden!

MAAUI habe, so die Legende, einen Fisch an der Angel gehabt, der

Fisch habe wie wild gezappelt und um sich gebissen, da sei der Gott wütend geworden habe den Fisch zerschnitten, zerhackt … und darum sei Neuseeland derart zerstückelt.

Heute noch bezeichnen MAORIS, wie es ihre Vorfahren in der Legende überlieferten, die Nordinsel – TE IKA-A-MAAUI – als den Fisch des MAAUI, während die Südinsel (Stewart Island) ihnen als das Boot des Gottes erscheint. Die MAHIA-Halbinsel – TE MATAU A MAAUI – ist der Angelhaken, das WELLINGTON-Gebiet – TE UPOKO O TE IKA – der Kopf, die NORD-AUCKLAND-Halbinsel – TE HIKU O TE IKA – der Schwanz des Fisches.

Das ist eine nachdenkenswerte Geschichte. Als der Gott MAAUI Land angelte, gab es noch keine Landkarten. Der Blick in einen Atlas aber bestätigt, wie genau diese Legende die Formen Neuseelands umreißt: da ist der rochenartige Fisch zu sehen, mit seinem geöffneten Maul im Süden, dem langen Schwanz im Norden, mit einer Seitenflosse am Angelhaken.

Die Legenden vom starken, streitsüchtigen MAAUI sind von Insel zu Insel verschieden, immer aber erscheint er als Gestalt von unmenschlicher Kraft … und stets als der »Land-Fischer«.

Seit Menschengedenken sind die Polynesier selbst Fischer, sie haben »Meeresfrüchte« aller Art im Netz oder an der Angel gehabt, ganz gewiß haben sie auch in bombastischem Angler-Latein manche Schollen zu Haifischgröße aufgeplustert. Sie wußten aber zu allen Zeiten, daß man *Land* nicht angeln oder fischen konnte. Dennoch behaupten Legenden auf allen Inseln: der Gott MAAUI war der »Land-Fischer«.

Mit verwegenem Simsalabim machen wir aus dem Gott MAAUI den mutigen CHARLES LINDBERGH, der am 20. und 21. Mai 1927 in 33 Stunden die rund 6000 km von New York nach Paris flog! Allein in der windigen einmotorigen Maschine, sah er unter sich nur Wasser, Wasser, Wasser. Einundeinhalb Tage allein hoch über dem Wasser – ein Alptraum! Lindbergh sah tief unter sich einen dunklen Fleck, einen Punkt. Ein großer Fisch? Eine kleine Insel? Ein Schwarm Fische? Eine Inselgruppe? Langsam ging er mit dem Flugzeug in

40 Im Bishop-Museum von Honolulu, Hawaii, gibt es viele solcher Kopien ▷ von Fluggeräten, die von der Wissenschaft als »Ritualmasken« katalogisiert wurden. Weniger Phantasie aber braucht man, wenn man in diesen über viele Jahrhunderte hinweg gebastelten »Erinnerungen« Flughilfen identifiziert, die über den Kopf gestülpt wurden, mit Flachhölzern als Flügel, mit Arm- und Steinstützen und dem Korsett, in das sich die Flieger zwängen mußten.

geringere Höhen, er erkannte die dunklen Flecke im Atlantik, es waren Inseln. Die Spannung des einsamen Fliegers löste sich: er hatte ein Fleckchen Land »gefischt«.

Sehr lustig, wird man mir sagen, aber die Polynesier in grauer Vorzeit haben doch die Kunst des Fliegens nicht beherrscht.

Ich bin der Überzeugung, daß die Urpolynesier mit einer an Sicherheit grenzenden Wahrscheinlichkeit fliegen konnten.

Wer nicht mit sterilem Starrsinn vor allen Zeugnissen der Urgeschichte behauptet, es handle sich – nach Bedarf – jeweils um »Kultmasken«, »Ritualkleider« oder »Ritualrequisiten« – wer fähig ist, mit heutigem Blick die Funde auf den polynesischen Inseln (und anderswo) zu interpretieren, der wird unschwer in den angeblichen Masken (Abb. 40) schlecht kopierte Einmann-Fluggeräte erkennen: die »Maske« wurde von oben her über den Kopf gestülpt, die herunterklappbaren (!) Flachhölzer waren nichts anderes als Flügel, man sieht die Löcher zum Einschlüpfen an den unteren Enden. Selbst die Arm- und Beinstützen, ja, das komplette Korsett, in das sich die Flieger zwängen mußten, sind über Jahrtausende den polynesischen Folklore-Künstlern eine Erinnerung geblieben. Freilich wußten und wissen sie längst nicht mehr, weshalb sie ihre Götter und Könige mit so komplizierten Apparaturen schmücken und ausstatten: *fliegen* kann damit seit Ewigkeiten kein Mensch mehr. In Urzeiten aber, nämlich damals, als MAAUI die Inseln »fischte«, konnten Spezialisten des Volkes mit diesen Apparaten fliegen!

Im BISHOP-Museum in HONOLULU, das die größte polynesische Sammlung der Welt verwaltet, stehen viele lange Gänge voll mit solchen Flugapparaten. Im Museum in AUCKLAND reihen sich ähnliche Maschinen in großer Zahl aneinander. Diese, zugegeben, schlechten Kopien frühester Flugapparate werden denn auch prompt an allen Fundorten und in allen Museen, über einen Kamm geschoren, als »Ritualgeräte« deklariert.

Die vierflügeligen Wesen in ASSUR waren Ritualwesen.

Töpfereien, die technische Zeichnungen von Scheiben- und Kugelornamenten zeigen, waren Ritualgegenstände.

Der Raumfahrer auf der Grabplatte von PALENQUE war ein Indianer in ritueller Pose.

Die technisch anmutenden Geräte in den Händen der Statuen von TULA waren Ritualgegenstände.

Die deutlich erkennbaren Tornister und Schläuche (Versorgungssysteme) auf den Rücken der MAYA-Priester waren rituelles Zubehör.

Und so werden denn freilich auch die Bastgestelle auf den polynesischen Inseln zu Ritualmasken.

41 Das zeitgenössische Gegenstück zum Fluggerät der Südseeinsulaner: Rocket-Belts, wie sie von Amerikanern und Russen für Einmann-Kommandos verwendet werden. Unsere Kinder, die aus Holz und Stroh so ein Rocket-Belt basteln, schaffen also eine Ritualmaske!

Bei so viel Torheit fällt mir der Titel des Romans von MOSCHEH Y. BEN-GAVRIEL ein: »Kamele trinken auch aus trüben Brunnen.«

Die Polynesier haben nicht selbst den Schlüssel zur Kunst des Fliegens gefunden. Sie hatten Lehrmeister, die vor heute noch unbekannten Zeiten auf der Erde weilten; aber aus einer weit fortgeschrittenen Zivilisation kommend, waren technische Spielereien für sie, nehme ich an, ein Freizeithobby, und *eine* Erfindung waren die ROCKET-BELTS (Abb. 41). Amerikaner und Russen setzen diese Einmann-Flugapparate, anfänglich für die Raumfahrt konstruiert, ein, um Einzelkommandos über Flüsse und Hügel ans Ziel zu bringen. Auch Einmann-Helikopter sind längst keine Hexerei mehr: Rotorenblätter werden mit dem Motor im Huckepackverfahren montiert, auf der Brust liegt ein Kästchen mit dem Bedienungsaggregat. Läßt man ein Kind so einen seltsamen Flieger, den es im Fernsehen beobachtete, aus Holz und Stroh basteln, kommt bestimmt eine »Ritualmaske« dabei heraus. Das Kind sieht darin »seinen« Flieger.

Nun ginge es selbst über das mir erlaubte Maß an Kühnheit hinaus zu behaupten, die frühesten Vorfahren der Polynesier hätten Lehrmeister von einer fremden, technisch fortgeschrittenen Zivilisation aus dem Kosmos gehabt... wenn nicht die Legenden der Südseevölker genau das tun würden.

JOHN WHITE hat in seiner ANCIENT HISTORY OF THE MAORI, New Zealand, 1887, mit Akribie Südseelegenden zusammengetragen. Als er 1880 seine Arbeit begann, wurden ihm viele vorzeitliche Geschichten noch aus erster Hand, von Priestern, berichtet. Schon die Themen des ersten Bandes deuten an, wo der Ursprung der Frühgeschichte zu suchen ist:

Stammbaum der Götter
Schöpfungsgeschichte
Krieg im Weltall
Schöpfung von Mann und Weib
Sintflut und Berichte über die Arche
Ehen zwischen Göttern und Menschen
Reisen zwischen der Erde und anderen Sternen
Nahrung, die vom Himmel fiel

Die RONGAMAI-Legende berichtet von Stammeskriegen. In Gefahr, überrannt zu werden, suchte der Stamm der NGA-TI-HAU Schutz in einem befestigten Dorf. Als ihnen auch dort der übermächtige Gegner nachstellte, erbaten die NGA-TI-HAU-Krieger Hilfe des Gottes RONGAMAI. Als die Sonne im Zenit stand, erschien der Gott:

»Seine Erscheinung war
wie ein leuchtender Stern,
wie eine Feuerflamme,
wie eine Sonne.«

RONGAMAI flog über den Dorfplatz und ließ sich fallen:
»Die Erde wurde aufgewühlt,
Staubwolken verhüllten den Blick,
der Lärm dröhnte wie Donner,
dann wie das Rauschen in einer Muschel.«

Die Stammeskrieger schöpften durch diesen Machtbeweis des Gottes neuen Mut und überrannten den verblüfften Gegner.

In der TAWHAKI-Legende steigt die Jungfrau HAPAI vom siebenten Himmel auf die Erde herab, um dort die Nächte mit einem »schönen Menschen« zu verbringen. Dieser auserwählte Mensch weiß nichts von der Herkunft der Jungfrau; erst als sie von ihm geschwängert war, gab sie die »Wahrheit« preis: sie kam von einer fernen, ihm unbekannten Welt, wo sie den Rang einer Göttin hatte. Nun freilich keine Jungfrau mehr, bringt sie eine Tochter zur Welt und kehrt nach der Geburt ins Weltall zurück.
Die Vielfalt der Hilfsmittel, mit denen die geheimnisumwitterten Wesen ins Weltall zurückkehren, ist verwirrend. Mal werden endlose Leitern benutzt, um auf Nimmerwiedersehen zu verschwinden, mal sind Türme vorhanden, die dem Start dienen, mal sind Spinnweben oder Weinranken kräftig genug, den Himmelwärtsreisenden einen Absprung zu bieten, aber sie lassen sich auch oftmals von Vögeln, vorzugsweise Drachen, tragen oder entern sich an Seilen ins Unendliche. Mögen die Startvarianten noch so unterschiedlich sein, ist vor jedem Aufstieg ein altes Weib da ... das, am Boden hockend, Kartoffeln zählt! Es warnt die Wesen vor »Winden, die erdwärts blasen«, und dann wirft es Kartoffeln, eine nach der anderen, ins Feuer, neun, acht, sieben, sechs, fünf ... Das alte Weib veranstaltete wohl, wie im Space-Center, einen regelrechten Countdown.

In der POLYNESIAN MYTHOLOGY, Wellington, New Zealand, o.J., steht eine Legende, die sich die polynesischen Fischer erzählten:
Der Krieger UENUKU ging am Rande eines Sees, als er in klarer Luft eine Nebelsäule am Stand schweben sah. Er nahm all seinen Mut zusammen und näherte sich der Erscheinung: er sah zwei bild-

hübsche Mädchen, die vom Himmel herabgestiegen waren, um im See zu baden. Von einer unbezwingbaren Kraft getrieben, ging er auf die Mädchen zu und begrüßte sie ehrfurchtsvoll. Entzückt von dem Anblick, bat er ein Mädchen, mit in sein Haus zu kommen, um seine Frau zu werden. Die Schöne antwortete:

»Ich liebe diese Welt.
Sie ist nicht kalt und leer wie
der hohe Raum dort oben.«

Merkwürdig, daß schlichte polynesische Fischer in der Legende etwas von einem kalten, leeren, hohen Raum »dort oben« zu berichten wissen, Land und Meer waren ihnen vertraut, aber ... der hohe Raum dort oben?

Die gleiche Quelle überliefert einen geradezu grotesken legendären Bericht:

RUPE, der auch unter dem Namen MAUI MUA auftritt, brach auf, um seine Schwester HINAURA zu suchen. Da er sie nicht finden konnte, holte er den Rat seines Vorfahren REHUA ein, der in dem Himmel an einem Ort, der sich TE PUTAHI HUI O REHUA nannte, lebte.

REHUA gürtete und maskierte sich und stieg zu den Himmeln auf.

Er gelangte an einen Ort, wo Menschen wohnten. Er fragte:

»Sind die Himmel über diesem Himmel bewohnt?«

»Ja, sie sind bewohnt«, antwortete man.

»Kann ich zu diesen Himmeln gelangen?« fragte er.

»Nein, du wirst sie nicht erreichen können, da diese Himmel von TANE erbaut sind.«

RUPE kämpfte sich in den zweiten Himmel durch, und er fand wieder Menschen, die er neuerlich fragte:

»Sind die Himmel über diesem Himmel bewohnt?«

»Ja, aber du wirst sie nicht erreichen können, da sie von TANE erbaut wurden.«

Nochmals kämpft sich RUPE aufwärts und findet wieder einen Ort, der bewohnt ist.

»Sind die Himmel über diesem Himmel bewohnt?«

»Ja, aber du wirst sie nicht erreichen, denn deine *Maske* ist nicht VON TANE.«

RUPE gibt nicht auf, mühsam und mit letzter Kraft erreicht er den zehnten Himmel, wo er REHUA (auch: HINAURA) findet.

Über diesen allmächtigen TANE weiß THE ANCIENT HISTORY OF THE MAORI, daß er der Gott der Wälder und der Tiere war. In einer Legende wird erzählt, daß er das erste Weib erschuf und in einer anderen, daß TANE nach dem *zweiten großen Krieg in den Him-*

meln die aufständischen Götter zwang, auf *andere Welten in der Dunkelheit herniederzugehen, um für alle Ewigkeit in Zweifel zu leben.* TANE stattete die in der Himmelsschlacht Besiegten mit all seinen Kenntnissen und Fertigkeiten für den Flug in die Verdammnis aus.

Muß man diesen Klartext noch erläutern? Muß man darauf hinweisen, daß für einen Flug ins Weltall Geräte und Masken notwendig sind? Muß man einer Generation, die alle Stadien der Mondflüge *life* durch Television miterlebte, sagen, daß ein Himmel nach dem anderen zu erobern ist? Daß dafür enorme Kenntnisse – ob NASA oder TANE – Voraussetzung sind?

Ich möchte aber an das Hauptwerk der KABBALA, das Buch SOHAR, erinnern, in dem die Reportage des Rabbiners SIMON BAR JOCHAI das Gespräch zwischen einem Erdenbürger und einem Gestrandeten aus der Welt ARQUA festhält. Flüchtlinge, die eine Erdenkatastrophe überlebten, begegnen unter Führung des Rabbi YOSSÉ einem Fremden, der plötzlich aus einer Felsspalte tritt. YOSSÉ fragt den Fremden, von wo er komme. Der Fremde antwortet:

»Ich bin ein Bewohner ARQUAS.«

Der überraschte Rabbi erkundigt sich:

»Es gibt also Lebewesen auf ARQUA?«

Der Fremde antwortet:

»Ja. Als ich euch kommen sah, bin ich aus der Höhle gestiegen, um den Namen der Welt zu erfahren, auf der ich angekommen bin.«

Und er erzählte, daß in »seiner« Welt die Jahreszeiten anders wären als in »ihrem« Land, daß Saat und Ernte sich dort erst nach mehreren Jahren erneuern würden und daß die Bewohner von ARQUA *alle Welten besuchen und alle Sprachen sprechen.*

Die KABBALA weiß von sieben verschiedenen Welten, aber auch, daß nur ARQUA Sendboten auf die Erde delegierte.

Solche direkten, eindeutigen Hinweise auf andere Welten – andere Planeten stehen in den Legenden, ich kann es nicht ändern. Immer brav, immer mit den alten Exegesen, die zu nichts geführt haben, werden sie interpretiert. Ja, sagen die Exegeten, solche Legenden kann man nicht enträtseln, wenn man sich nicht in die Denkweisen der Vorvorderen versetzt. Tun sie das denn? Sie *glauben*, es zu tun. In Wirklichkeit läßt sich die Vorstellungswelt vorzeitlicher, zum Teil spurlos verschwundener Völker überhaupt nicht *nachempfinden*, man kann nur annehmen, so oder so *müßten* sie wohl gedacht haben. Es ist eine Unterstellung. Jede Legendendeutung bleibt in der Denkweise der jeweiligen Gegenwart befangen und gefangen, aber auch das nur mit Einschränkungen: die Scheuklappen fallen herunter, sobald subjektive Deutungen mit den Kenntnissen des Raumzeitalters versucht werden. Das darf nicht sein.

Weil es in der Frühgeschichte keine Fliegerei gab, kann es auch keinen Kontakt mit anderen Planeten gegeben haben. Basta. Wie aber zieht man sich wie der weiland so unternehmenslustige Freiherr von Münchhausen an den eigenen Haaren aus dem Sumpf des Unerklärbaren? Man bemüht die Psychologie: es waren Wunschvorstellungen aus dem Unbewußten. Selbst mein Landsmann Carl Gustav Jung (1875–1961) muß mit seiner Lehre von der psychischen Energie, mit seiner Theorie von den Individuationen, vor allem aber mit seiner Philosophie vom Archetypus mit den urtümlichen, angeborenen Verhaltensweisen und Bildern herhalten. Die Welt ist wieder in Ordnung. »Der Mensch hatte stets das Bedürfnis, es den Vögeln gleichzutun.« Angeborene Verhaltensweisen? Urtümliche Bilder? Ich habe nichts gegen den Wunsch, fliegen zu können, ich fliege selbst sehr gern. Sollen doch unsere Urvorderen die gleiche Sehnsucht gehabt haben. Bitte. Gab ihnen denn das Unbewußte ganz konkrete Vorstellungen von Flugapparaten, ließ es sie präzise Angaben über nie gesehene Welten machen? Führte es ihre Hand, als sie technische Details auf Höhlenmalereien skizzierten? Als sie integrierte Schaltkreise ins Sonnentor von TIAHUANACO meißelten?

ETANA ist im babylonischen Epos vom Wunsch des Fliegens besessen. Mag er davon träumen, mag er davon reden. Weder Träume noch Phantasien können ihm aber eine so bildhafte Schilderung der Erdoberfläche eingeben, wie sie im Epos steht:

»Die Erde war wie ein Garten, und
das Meer furchte sich ins Land
wie die Gräben, die der Gärtner zieht.«

Und fliegerisches Wunschdenken konnte ENKIDU unmöglich die Beschreibung der Erde – wie sie sich aus hoher Sicht darbietet – im Wortlaut des GILGAMESCH-Epos vermitteln:

»Und das Land war wie ein Berg, und das Meer wie ein kleines Gewässer ... Und das Land sah aus wie ein Mehlbrei, und das Meer wie ein Wassertrog.«

Im 18. Band des JAHRBUCH DES VEREINS DEUTSCHER INGENIEURE, Berlin, 1928, untersucht Professor RICHARD HENNIG Texte zur VORGESCHICHTE DER LUFTFAHRT. Er bezeichnet die ETANA-Legende als die »wohl älteste Flugsage der Welt«, die bis in die allerersten Anfänge der Geschichte zurückreichen müsse, weil sie bereits auf einem Siegelzylinder aus der Zeit zwischen 3000 und 2500 v.d.Z. *bildlich* dargestellt sei, während der Text in einer Keilschrift nur unvollständig erhalten blieb. Dieser Passus scheint dem Techniker besonders bemerkenswert:

42 Der Maori-Legende zufolge flog der Gott Pourangahua auf seinem magischen Vogel von seinem legendären Wohnsitz Hawaiki aus nach Neuseeland. Ich komme und ein neuer Himmel dreht über mir . . .

»Nicht auf des Adlers Rücken, sondern. Brust an Brust an ihn geklammert, wird ETANA emporgetragen zum Fixsternhimmel . . . Sechsmal während des Auffluges macht der Adler ETANA aufmerksam auf die immer mehr vor ihren Blicken zusammenschrumpfende Erde.«

Genaue Beschreibungen, bildliche Darstellungen als Produkte des Unbewußten? Hier, denke ich, sollten die Psychoanalytiker den Adepten ihrer Wissenschaft Halt gebieten, um selbst glaubwürdig zu bleiben.

Unsere Mythen- und Legendenforschung wie die Deutungen der Archäologie sind – *soweit sie die Prähistorie betreffen* – im Käfig vorgefaßter Ansichten eingesperrt. Die Augen sind blind, die Gedanken stumpf geworden.

Die Wissenschaft, heißt es, könne phantastische Lösungen nicht akzeptieren, weil diese keinen empirischen, keinen belegbaren Unterbau hätten. Nun muten aber die seriösen Resultate von Tag zu Tag phantastischer an, während zu gleicher Zeit die verketzerten Phantasien einen realeren Hintergrund bekommen. Drei Prämissen sind die Grundlage aller Forschung: Freiheit des Denkens – Gabe der Beobachtung – Sinn für Zusammenhänge. Ihrer darf sich auch der Laienforscher bedienen.

Fliegen wir noch einmal zurück in die Südsee!

Da geistert durch maorische Legenden der Gott POURANGAHUA (Abb. 42), der von seinem legendären Sitz HAWAIKI auf einem magischen Vogel nach Neuseeland flog. HAWAIKI ist ein zusammengesetztes, aus dem Altindischen stammendes Wort und sinngemäß mit *von der Milchstraße* übersetzbar. Diesem POURANGAHUA wird das älteste MAORI-Gebet zugeschrieben:

> »Ich komme,
> und eine unbekannte Erde
> liegt unter meinen Füßen.
> Ich komme,
> und ein neuer Himmel dreht
> über mir.
> Ich komme
> auf diese Erde und sie ist
> ein friedlicher Rastplatz
> für mich.
> O Geist des Planeten!
> Bescheiden offenbart Dir der Fremde
> sein Herz als Nahrung.«

Neuseeland-Touristen sehen an Straßenrändern und Stränden Kugeln liegen, große, runde Kugeln bis zu Durchmessern von 3,16 m. Am MOERAKI-Beach, nördlich von DUNEDIN, trudeln sie dutzendweise in allen Größenordnungen herum (Abb. 10 F). Durch die *künstlichen* Steinbälle von COSTA RICA auf Kugeln dressiert, untersuchte ich selbstverständlich die neuseeländischen Arten gründlich. *Diese* Kugeln sind auf *natürliche* Weise entstanden. Sie bilden sich in weicherem Sandstein durch Ablagerung von Kalzit um einen Kern. Geologen datieren den Beginn der Kugelbildung in die obere Kreidezeit vor 135 Millionen Jahre. Obwohl natürlich entstanden, gibt es eigenartige Exemplare darunter, sogenannte GEODEN.

Eine GEODE ist ein in der Geologie benutzter Begriff, der aus dem Griechischen stammt; er ist sinngemäß mit »Mandelraum« richtig übersetzt: ein Gasblasenraum in Gesteinen, der ganz oder teilweise mit Mineralien angefüllt oder mit kristallinen Ablagerungen beschichtet ist. GEODEN werden, außer von Geologen, gern von geschäftstüchtigen Laien gesammelt, die sie durch Schneiden, Halbieren, Vierteln und Blankputzen zu begehrten Kostbarkeiten machen, die sie in ihren Raritätenläden anbieten. Schatzsucher solcher Art fanden 1961 in der Nähe von OLANCHA, am Rande der Wüste von AMARGOSA, einen Stein, der wie eine GEODE aussah, also in den großen Sammelkorb genommen wurde, dessen Inhalt sie nach der Heimkehr für den Kauf präparierten. Als sie die vermeintliche GEODE durchsägen wollten, zerbrach die Diamantsäge, weil der Stein – trotz seines Aussehens – nicht hohl, sondern massiv war. Geologen, die den Stein zerlegten, fanden im Innern ein unbekanntes, unter großer Hitzeeinwirkung zusammengeschmolzenes Gestein, mit irisierender Oberfläche … und in seinem Kern einen blanken Metallstift von 2 mm Durchmesser und 17 mm Länge.

Seltsam?

»Horatio,
es gibt mehr Ding' im Himmel und auf Erden,
als Eure Schulweisheit sich träumen läßt!«

Die amerikanische Treuhandverwaltung bemüht sich, die Infrastruktur der Inseln zu verbessern, auf PONAPE werden Straßen gebaut, ein Elektrizitätswerk ist schon in Betrieb, der Hafen ist in Ausbau, ein Radiosender berieselt Insel und Inselchen mit Musik. Aber das ist alles noch am Anfang, um so verwunderlicher, daß auf der armen Insel nahezu jede Eingeborenenfamilie stolze Autobesitzerin ist! In vielen Hütten, selbst in solchen, die noch keinen elektrischen Strom haben, stehen Musikboxen. Der Besitzer meines so-

genannten Erstklasshotels betrieb deren drei, und sie waren nerv-
tötenderweise fast immer gleichzeitig in Betrieb; die wenigen Gäste
konnten sich an zwei Flipperkästen die Zeit vertreiben und, am Tag,
als ich die Insel verließ, wurde ihm eine elektrische Rechenmaschine
in sein Etablissement geliefert. Ich bin nicht hinter das Geheimnis
dieses absurden Reichtums gekommen. Die Eingeborenen sind arm
und rechtschaffen faul, sie sind auch an Geschäften nicht interessiert. Ich mußte alle Überredungskünste aufwenden, um überhaupt
zwei Boys zu finden, die mich täglich nach NAN MADOL hinausfuhren.
Zwar sind Amerikaner fabelhafte Verkaufsgenies, aber sie wollen für
ihre Lieferungen Geld sehen. Woher haben die Insulaner soviel
Geld für so viele, meist nutzlose Sachen? Mir kamen immer wieder
die japanischen Taucher in den Sinn, die Platinstücke vom Grund
des Meeres holten . . .
Vielleicht habe ich eine Chance versäumt, im Moment einer voll-
kommenen Hellsichtigkeit hinter alle Geheimnisse zu kommen.
Am Tag vor meiner Abreise wurde ich von Eingeborenen in ihr
Dorf eingeladen. Längst weiß ich, daß man solche Gesten der Gast-
freundschaft nicht ausschlagen darf: nie kann man an den Ort zurückkehren, wenn man unhöflich war. Die älteste Frau des Klans
begrüßte mich und führte mich durch einige Hütten zum Dorfplatz: Frauen und Mädchen hockten vor einem hohlen Baumstamm
und begannen, als sie meiner ansichtig wurden, mit Stäben einen
Rhythmus, etwa im Tempo eines Blues, zu schlagen. Männer und
Burschen traten in den Kreis und begannen zu stampfen, während
sie, in der Drehung, sehr geschickt auf anders abgestimmte Holz-
stämme schlugen. Sie zogen mich in ihr zunächst friedliches Ringel-
reihn, aber es wurde fürchterlich, die Rhythmusgruppe der Damen
legte an Tempo zu, die Luft war heiß und stickig, und ich mußte
mitmachen, auf der Stelle hüpfen, im Kreis laufen und stampfen,
nur den Holzspeer hat man mir erspart. Der Rock 'n' Roll der fünf-
ziger Jahre war sanft wie ein Tango gegen unsere Darbietung.

Schlimmeres stand mir bevor.

Ich wurde in eine Hütte geführt, auf dem Boden lag ein großer fla-
cher Stein, sechs Männer— und ich—wurden rundherum plaziert.
Teens des Stammes brachten frische Wurzeln eines jungen Baumes
(lat. piper methysticum). Mit Lianenbüscheln wurden die Wurzeln
oberflächlich gereinigt und auf den Stein gelegt. Die Männer griffen
zu Steinfäustlingen und hämmerten im Takt auf die Wurzeln ein,
etwa eine halbe Stunde lang. Aus den Wurzeln troff eine klebrige,

braune breiige Masse. Die Teens brachten Pflanzenfasern und breiteten sie an den Rändern des Steines sorgfältig aus. Die routinierten Saftklopfer strichen nun den Brei auf die Fasern, und je zwei drehten die Fasern zu einem Strick: die üble Soße, die in Kokosschalen tropfte, war SAKAO.

Ein unschuldiger Jüngling – die Riten gebieten, daß es ein unschuldiger Jüngling ist – kniete vor mir nieder und reichte mir, ohne mir in die Augen zu sehen – was streng verboten ist – die Schale. Was tut man nicht alles zur Völkerverständigung! Ich setzte die Schale an die Lippen, alle Augen starrten mich an, ich würgte einige Schlucke hinunter. Ich reichte die Schale meinem Nachbarn, der das grauenhafte Gesöff schlürfte wie edlen Champagner. Die Schale wurde aufgefüllt, und alle genossen das festliche Gelage, bis sie sich bald hinlegten und in einen tiefen seligen Schlaf fielen*.

SAKAO wirkt wie eine Droge, macht aber nicht süchtig und auch kein Kopfweh beim Erwachen. SAKAO soll, sagten mir Kenner, eine Wirkung hervorrufen wie LSD. Über LSD las ich, daß es zu Momenten unerhörter, unvorstellbarer Klarsicht verhilft. Hätte ich eine größere Portion des ekligen Saftes geschluckt, wäre mir möglicherweise – unter den Eindrücken der letzten Tage stehend – jene Erleuchtung gekommen, die die Geheimnisse von NAN MADOL schlagartig erklärt hätten. So muß ich denn meine Fragen an die zünftigen Gelehrten weiterreichen, die bisher ohne die rechte Klarsicht im trüben fischen.
Übrigens: NAN MADOL ist eine Zusammensetzung aus der Sprache der Ponapesen und bedeutet »Ort der Zwischenräume«.

* Dasselbe Getränk heißt auf den Fidschi-Inseln »YANGONA«, und auf Tonga und Samoa »KAVA«.

V Auf den Fährten der Indianer

Brasilien, Land der Extreme — Das Geheimnis der SETE CIDADES —
Und wieder Mutmaßungen — »Internationale« Felszeichnungen —
»Weißer Bär« kann Symbole lesen — Legende von der ROTEN STADT
IM SÜDEN — *Die Weiße, die im Urwald untertauchte — Wie die*
Vorfahren der HOPI-*Indianer die Erde fanden —* KAYAPOS *als Astro-*
nauten — Die Legende vom himmlischen BEP KOROROTI

Vom südlichsten Zipfel SIZILIENS bis HAMMERFEST, der nördlichsten
Stadt Europas, überfliegt man auf einer 4000-km-Route acht Länder.
Auf einem Flug von MOSKAU nach SÜDJEMEN sieht man auf fast glei-
cher km-Strecke sieben Nationen unter sich. Fliegt man aber von
CACIPORE nach RIO GRANDE etwa 4000–4500 km in nordsüdlicher
Richtung, breitet sich auf dem Erdteppich nur ein Land aus: Brasilien. Auch in westöstlicher Richtung von der peruanischen Grenze
bis RECIFE am Atlantischen Ozean ist alles Land: Brasilien. – Mit
einer Fläche von 8 511 965 qkm wird das südamerikanische Riesen-
land in seiner endlosen Ausdehnung nur von Rußland, China,
Kanada und den USA übertroffen.
Das gewaltige aufstrebende Land ist ein Land voller Geheimnisse.
Sieht ein Pilot der VASP-Fluggesellschaft auf einem »normalen« 2000-
km-Flug unter sich Türme oder Dörfer oder Ruinen, die in den Karten
nicht vermerkt sind, lokalisiert er deren geographische Position und
erstattet Meldung. Geht man dann nur drei Tage später daran, die
Angaben zu verifizieren, können Türme, Dörfer oder Ruinen schon
wieder verschwunden sein. Was nur unter zufälligen Wetterbedin-
gungen, durch den günstigen Stand von Winden oder auch Wald-
brände kurz sichtbar gewesen war, ist längst wieder vom grünen
Moloch Urwald überwuchert, aufgefressen.
Brasilien ist ein Land der Extreme. Es tut sich schwer, sich selbst oder
gar seine früheste Vorgeschichte zu erkennen. Dabei werden – seit
Dodge, VW, Ford und Chevrolet hier Autos aller Sorten bauen – täglich archäologische Funde gemacht, die Armeepioniere beim Bau von
Straßen, die die weiten Entfernungen verkehrstechnisch überwinden
sollen, aus dem Boden aufwühlen und ans Licht heben. Niemand
kann ermessen, wieviel Einmaliges in den Bergen des Aushubmülls
für immer verlorengeht.
Archäologie ist in Brasilien jedermanns Hobby. Berufsarchäologen
aber sind rar in diesem Land. Würden anderswo derartig opulente

Funde bekannt, würden Universitätsinstitute Forschungsaufträge erteilen, oder Regierungen würden Finanzhilfen für fachmännisch geleitete Grabungsteams bereitstellen. Hier ist das alles anders.

Die Größe des Landes, die Vielfalt der archäologischen Reichtümer, besonders aber deren mühevolle Erreichbarkeit lassen eine planmäßige Sichtung und Prüfung kaum je gelingen. Ist etwa eine vorzeitliche vergessene Stadt genau lokalisiert und sogar mit zweckentsprechenden Fahrzeugen erreichbar, dauert es doch Jahre, bis Geld zur Ausrüstung einer modernen Expedition vorhanden ist. Nur zu oft heißt es letztlich: zu spät.

Archäologische Funde sind in Brasilien meistens dem Glück, dem Fleiß und dem Eifer von Laien zu danken. Der Österreicher LUDWIG SCHWENNHAGEN ist so ein Besessener gewesen. Er war Lehrer für Philosophie und Geschichte und lebte lange Zeit in TERESINA, der Hauptstadt des nordbrasilianischen Staates PIAUI. SCHWENNHAGEN war der erste, der 1928 in dem Buch ANTIGA HISTORIA DO BRASIL ausführlich über die geheimnisumwobenen SETE CIDADES = SIEBEN STÄDTE schrieb. Als 1970 endlich die zweite Auflage seines Buches herauskam, war SCHWENNHAGEN längst als verarmter Schullehrer gestorben.

Ich hörte den Namen SCHWENNHAGEN zum erstenmal aus dem Munde von Dr. RENATO CASTELO BRANCO, der mir eine Einladung der Regierung von PIAUI zur Besichtigung der SETE CIDADES überbrachte.

»Wo liegen denn diese SETE CIDADES?« fragte ich.

»Nur 3000 km Luftlinie von hier«, antwortete Dr. BRANCO. »Nördlich von TERESINA, zwischen dem Städtchen PIRIPIRI und dem RIO LONGE. Wir können übermorgen dort sein!«

Daß wir auf Regierungskosten in TERESINA landeten, hat wohl zwei Gründe. ERINNERUNGEN AN DIE ZUKUNFT und ZURÜCK ZU DEN STERNEN haben in Südamerika (und dort besonders in Brasilien) hohe Auflagen und öffnen dem Autor alle Türen. Und: der Gouverneur von PIAUI möchte den Raum der SETE CIDADES zum Nationalpark machen und spannt darum in seine Pläne gern jede Publicity ein.

PIRIPIRI erreicht man von TERESINA aus auf einer gut ausgebauten, 160 km langen Straße. Die Landschaft ist flach und intensiv grün, die Straßenränder säumen Buschwerk, das von dichtem Dschungel verdrängt wird. Wildschweine, wilde Kühe und wilde Pferde sorgen für einigermaßen gefährlichen Passantenverkehr. Obwohl beinahe unter dem Äquator, ist das Klima erträglich: von der nur 300 km entfernten Meeresküste weht ständig eine ganz leichte Brise. – Von PIRIPIRI fährt man zu den SETE CIDADES über einen für geländegängige Fahr-

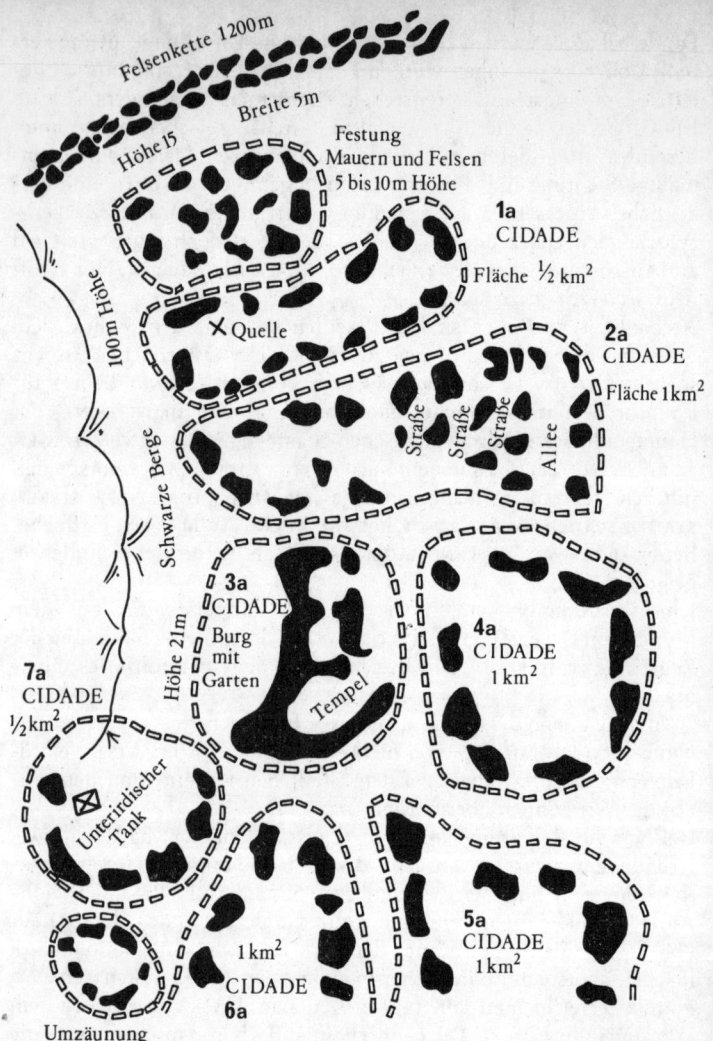

Felsenkette 1200m

Breite 5m

Höhe 15

Festung
Mauern und Felsen
5 bis 10m Höhe

1a
CIDADE

Fläche ½ km²

100m Höhe

✗ Quelle

2a
CIDADE

Fläche 1km²

Straße Straße Straße Allee

Schwarze Berge

3a
CIDADE

Burg
mit
Garten

Höhe 21m

Tempel

4a
CIDADE

1 km²

7a
CIDADE

½ km²

Unterirdischer
Tank

5a
CIDADE

1 km²

1 km²

CIDADE

6a

Umzäunung

43 Plan der SETE CIDADES (Sieben Städte), der eine Ordnung im Chaos erkennen läßt – Gestein, von apokalyptischen Gewalten zerstört!

zeuge benutzbaren 16 km langen Feldweg. Plötzlich und unvermutet steht man vor der ersten Ruine (Abb. 43).
Unsinn, man kann hier nicht von Ruinen sprechen! Hier gibt es keine

unordentlichen Reste von ehemals aufgeschichteten Steinen. Hier gibt es keine Monolithen mit scharfen Kanten und künstlich eingemeißelten Rillen wie auf der bolivianischen Hochebene in TIAHUANACO. Hier kann man auch nach intensivster Suche unter Hinzunahme angestrengtester Phantasie weder Stufen noch Treppen oder Gassen, an denen Häuser gestanden haben könnten, ausmachen. SETE CIDADES, das ist ein einziges ungeheures Chaos wie das biblische GOMORRHA, das mit Feuer und Schwefel vom Himmel vernichtet wurde. Gestein ist zerstört, ausgetrocknet, geschmolzen von apokalyptischen Gewalten. Und es muß lange, sehr lange her sein, seit hier die Feuersbrünste tobten.

Hier hat nie ein Mensch gegraben

Hier hat die Wissenschaft nie versucht, Schicht um Schicht von der steinernen Urvergangenheit abzutragen.

Hier schießen bizarre Steinformen, gegliederte Ungetüme wie Fragezeichen aus dem Boden.

Ein wissenschaftlich geschulter Begleiter, den mir der Gouverneur von PIAUI attachierte, sagte mir, daß man vermute, die SIEBEN STÄDTE hätten ihre eigenartigen Formen aus Gletscherablagerungen gebildet. Möglich, doch kann ich es, mindestens für mich, nicht akzeptieren. Gletscher lassen überall in der Welt – und das kenne ich gerade sehr gut aus meiner Schweizer Heimat – auf ihrem Rückzug breite Bänder von Erosionsgestein als unübersehbare Spuren zurück. Hier gibt es keine solchen Spuren. SETE CIDADES umgrenzt ziemlich exakt einen Kreis von 20 km Durchmesser. – Mein Begleiter bot noch eine andere Mutmaßung an: hier wäre früher ein Meeresbecken gewesen und die SIEBEN STÄDTE seien nichts als Reste ausgewaschenen Gesteins, Wind und Temperaturwechsel hätten die eigenartigen pittoresken Überbleibsel modelliert (Abb. 44).

Kann sein. Warum nicht?

Ich habe die eigenartigsten Bauwerke, die durch den Einfallsreichtum und die unerschöpflichen Möglichkeiten der Natur entstanden sind, gesehen. Grotesk und wunderbar genug das DEATH VALLEY in den USA – die Salzkathedrale in COLUMBIEN – der Granitkessel in BOLIVIEN – die bizarren, fast architektonisch gegliederten Geländerisse am TOTEN MEER. Es gibt schon sehr seltsame Spielereien des großen Baumeisters Natur.

In SETE CIDADES scheint mir alles auf so unerklärliche Weise anders zu sein.

Auf der »amtlichen« Karte, die von SETE CIDADES angefertigt wurde, sind deutlich die Zuordnungen der »Ruinen« in sieben Bezirke zu erkennen. Zufall? Laune der Natur? Ich vermag soviel *gezielte* Ord-

44 Teilaufnahmen des Ruinengebietes der SETE CIDADES, die noch im Chaos die Zuordnungen in sieben Bezirke erkennen lassen. Wissenschaftliche Grundlagenforschung hat es hier bisher nicht gegeben.

nung nicht für ein Ergebnis spielerischer natürlicher Kräfte zu halten. Mir scheint vielmehr, daß hinter dieser Ordnung ein genauer Plan gestanden hat. Besonders stutzig aber machte mich die zwischen den Gesteinsschichten hervortretende, herausgequetschte bröselige Metallmasse, deren Rostspuren in langen Tränen an den Wänden herabtropfen. In allem Chaos kehrt diese Besonderheit zu oft und zu regelmäßig wieder. – Möglich, daß sich für die *Schildkröte* (Abb. 45), die besondere Attraktion von SETE CIDADES, eine geologische Erklärung finden läßt. Mangels Forschung weiß man Genaues nicht.

Mag die Entstehung der SIEBEN STÄDTE ungeklärt sein und bleiben – die Felsmalereien sind gesicherte Fakten: man kann sie sehen, anfassen und fotografieren. Es kann auch keinen Meinungsstreit darüber geben, daß diese Malereien bedeutend jünger sind als die spröden verwitterten Gesteinsmale. SETE CIDADES hat zwei »Vergangenheiten«: eine dunkle, uralte, die kaum je zu rekonstruieren sein wird und eine »moderne«, die aber auch prähistorischen Datums ist.

Wieder einmal weiß auch der klügste Kopf unter unserer Sonne nicht, *wer* die Malereien an die Wände gepinselt hat! Doch ist sehr bald deutlich, daß die vorzeitlichen Künstler – mit wenigen Ausnahmen – dieselben Motive und Symbole bevorzugten wie man sie auf Höhlen- und Felsmalereien rund um die Welt findet: Kreis – Rad (mit Speichen) – Sonne – Kreis im Kreis – Viereck im Kreis – Variationen von Kreuzen und Sternen. Als ob an den entlegensten Orten alle prähistorischen Künstler dieselbe Malschule besucht hätten!

In seinem Buch »Kult Symbol Schrift« hat OSWALD O. TOBISCH tabellarisch nachgewiesen, daß Felszeichnungen in Afrika, Europa, Asien und Amerika untereinander verwandt sind. Am Ende seiner vergleichenden Studien stellt TOBISCH verblüfft die Frage:

Gab es einstmals möglicherweise doch eine Einheitlichkeit des Gottesbegriffes von einer für heutige Anschauungen geradezu unfaßlichen »Internationalität«, und stand die Menschheit jener Zeit vielleicht noch im Kraftfeld der »Uroffenbarung« des einen und allmächtigen Schöpfers, dem Materie und Geist, das gesamte All mit Himmelskörpern und Lebewesen untertan waren und sind?

Ich will hier von den extravaganten Einfällen der Felsmaler von SETE CIDADES nur wenige Beispiele anführen, stelle aber Forschern gern mein umfangreiches Farbbildarchiv zur Verfügung:
Auffallend sind die *rotgelben Kreise*, die einen unübersehbaren Si-

45 Die »Schildkröte« ist die besondere Attraktion in der Wüstenei von SETE CIDADES. Mangels Forschung weiß man über sie nichts Genaues.

46 Auffallend sind die Kreise (gelb-rot), die alle deutlichen Signalcharakter haben.

47 Merkwürdig und meines Wissens ohne Vergleich im internationalen Katalog der Fels- und Höhlenmalereien ist dieser technisch anmutende Grundriß. Ein Reagenzglas?

gnalcharakter haben – auffallend auch deshalb, weil zweifarbige Felsmalereien selten sind: sie sollen fraglos Besonderes mitteilen (Abb. 46).

Merkwürdig (und bisher ohne Vergleich) ist der *technische Grundriß* etwa mit der Form eines Reagenzglases vergleichbar, in dessen unterer Hälfte zwei Signalwimpel erkennbar sind; an einer kräftigen, 32 cm hohen blutroten Stange sind fünf Ovale wie Christbaumkugeln aufgereiht. Nichts aus der Vorstellungswelt vorzeitlicher Menschen – Tiere, Pflanzen, Gestirne – kann hier Modell gestanden haben (Abb. 47).

Da ist eine Linie, unter der *vier Kugeln* wie Notenköpfe baumeln. Da die vorzeitlichen Menschen keine Notenschrift kannten – wer bestreitet das? – muß es sich doch wohl um eine andere, grafisch dargestellte Mitteilung handeln. Da gibt es, fast ein Pendant, ein altindisches Relief, das allerdings neun »Notenköpfe« unter und zwei über der Mittellinie zeigt. Indische Forscher identifizierten anhand von Sanskrittexten das Relief als Darstellung einer *Vimaana* = ein Fluggerät. (Zurück zu den Sternen, Seiten 225 ff.)

Durchaus bemerkenswert erscheint mir auch eine *Flugmaschine* (Abb. 49), wie von Kinderhand gezeichnet. Prähistorische Maler haben alles, was sie sahen, auf eine verblüffend einfache Art stilisiert. Was diente hier als »Vorlage«?

Die für mich eigenartigste und eindrücklichste Malarbeit ist eine *Wand mit Astronauten:* zwei Figuren mit Rundhelmen, über ihnen schwebt ein Ding, das Phantasten als UFO bezeichnen würden; zwischen den Figuren windet sich eine Spirale; daneben ist ein Gebilde wiedergegeben, das der deutenden Phantasie keine Schranken auferlegt.

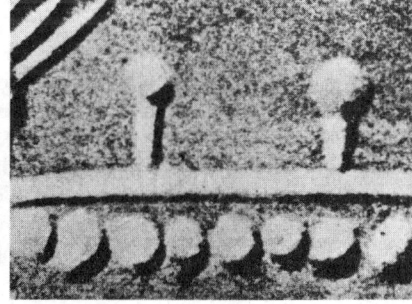

48 Die Zeichnung (links) an einer Felswand der SETE CIDADES stimmt nach Stil und Anlage mit einem altindischen Relief überein, das Sanskritforscher als »Vimaana«, ein Fluggerät, identifizierten . . .

49 Fels- und Höhlenmaler stilisierten stets Objekte ihrer Wahrnehmungs-
welt. Was stand für diese einfache *Flugmaschine* Modell?

Ein Rebus delikater Art. Was mag das sein? Eine *Raumstation im
Orbit* (Abb. 50)? Doppelte Kreise, an den Rändern mit Fensterchen . . .
Kreise, mit einer Ausbuchtung . . . mit einer Gabelung. Die Ränder
der Zeichnung habe ich zur Verdeutlichung mit Holzkohle nachge-
zogen. Last not least: eine Primitivzeichnung, die einen *Astronauten*
in komplettem Raumanzug zeigt. Mit ERNST VON KHUON stelle ich
die Frage: Waren die Götter Astronauten?
Wirklich eigenartig und (bisher) unerklärlich ist der Fundort dieser
Felsmalereien. Alle hier präsentierten Muster aus einer Kollektion
von Felszeichnungen schweben in 8 m Höhe an einer schwer zu-
gänglichen Wand. Ich denke, daß die Maler (falls es keine Riesen
gab!) bei ihrer Arbeit auf einem Podest aus Steinquadern gestanden
haben. Dieses Podest aber muß im Laufe der Jahrtausende verwittert
sein, es findet sich nicht der geringste Krumen davon unter der
hohen Wand. Die Verwitterung des Steinpodestes *könnte* ein Hinweis auf das hohe Alter der Felsmalereien von SETE CIDADES sein . . .
In ARIZONA und NEUMEXIKO, USA, liegen die Gebiete der HOPI-Indianer aus der großen PUEBLO-Gruppe. Es gibt heute noch rund 8000

HOPIS. Sie flechten, nach alten handwerklichen Kenntnissen, sehr schöne Körbe und stellen wunderbare Töpferarbeiten her. Trotz der sie bedrängenden Segnungen der Zivilisation haben die HOPI-Indianer in den Reservaten ihre uralten Riten und Bräuche sowie die mündlich überlieferten Legenden unverfälscht, ja astrein, bewahrt. WHITE BEAR ist durch Geburtsrechte Häuptling des COYOTE-Clans. Er kann die meisten uralten, in den Fels gehauenen »Zeichnungen« noch lesen. So weiß WHITE BEAR, daß der Handballen mit fünf gespreizten Fingern neben den Malereien bedeutet, daß der Stamm, der einst die Zeichnungen meißelte, noch im Besitz des ganzen Wissens der Überlieferung gewesen ist. WHITE BEAR ist in der Lage, auf Anhieb weit voneinander entfernte Fels- und Höhlenzeichnungen, die er nie zuvor gesehen hat, zu deuten. Leider ist WHITE BEAR

50 Ein Rebus delikater Art! Eine Raumstation im Orbit? Doppelte Kreise mit Fensterchen? Einer der rätselhaftesten Funde in den »Sieben Städten«!

sehr schweigsam und – mit gutem Grund – sehr skeptisch dem weißen Mann gegenüber. Die Petroglyphen in den Reservaten sind von merkwürdiger Struktur, manchmal sind ganze Felswände davon bedeckt (Abb. 51).

Was weiß die Legende der HOPI-Indianer zu berichten?

Die erste Welt, sagt sie, sei TOKTELA gewesen. (Toktela heißt in wörtlicher Übersetzung *unendlicher Weltraum*.) In der ersten Welt habe sich anfänglich nur TAIOWA, der Schöpfer, aufgehalten, ehe er

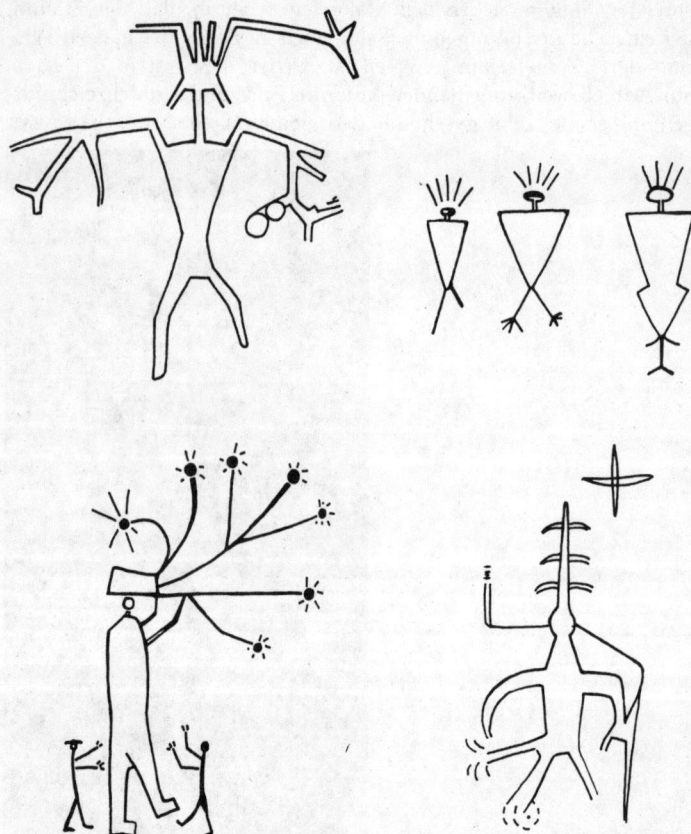

51 An den Felsen der Reservate sind Petroglyphen in großer Zahl zu sehen, aber oft schwer zugänglich. Von den exzerpierten vier Grundrissen ist der »Star-Blower«, der Sternbläser, besonders auffallend. Unschwer sind allerorts antennenähnliche Attribute zu erkennen.

den Menschen erschaffen ließ. Die Vorfahren hätten verschiedene Welten berührt, ehe sie auf unserem Planeten ihre Heimat fanden. TAIOWA setzte ihnen als oberstes Gebot den Befehl: »Du sollst nicht töten!« Traten (und treten) bei den HOPIS im Laufe der Zeiten irgendwelche Meinungsverschiedenheiten und Streitfälle auf, dann trennen sich die Gegner, wandern in entgegengesetzte Richtungen und suchen neue Wohngebiete. Jede Partei aber hielt sich an die überlieferten Gesetze und markierte auf den langen Märschen Felsen und Höhlen mit den immer gleichen Zeichen.

In BOOK OF THE HOPI (The first revelation of the Hopi's historical and religious world-view of life) wird auch diese Legende berichtet: In früher Zeit gab es einen Kampf um die ROTE STADT IM SUDEN. Alle Stämme wurden, wohin sie auch zogen, von KACHINAS begleitet, Wesen, von denen es heißt, sie seien nicht von der »vierten Welt«, der Erde, gewesen, ja, sie wären überhaupt keine Menschen gewesen, jedoch hätten sie sich stets als Beschützer und Berater der Stämme erwiesen und ihnen oft aus brenzlichen Situationen mit übermenschlichen Kräften und Künsten herausgeholfen. So sei es auch in der ROTEN STADT IM SÜDEN gewesen, als dort einige HOPI-Stämme plötzlich von allen Seiten her angegriffen worden seien. In Windeseile hätten die HOPIS auf den Rat der KACHINAS hin Tunnel gegraben, durch die sie ins Freie und ohne Blutvergießen hinter die Fronten der Angreifer fliehen konnten. Beim Abschied sagten die KACHINAS den Stammeshäuptlingen: »Wir bleiben, um die Stadt zu verteidigen. Die Zeit für unsere Reise *nach unserem fernen Planeten* ist noch nicht gekommen!«

Folgt man den Überlieferungen der HOPIS, dann sind all die Markierungen in den roten Felsen nichts anderes als früheste Mitteilungen mit Anweisungen an Stammesgenossen, die irgendwann diese Landschaft passieren würden.

Ein interessanter Versuch ist eingeleitet: dem klugen Indianer WHITE BEAR werden meine Farbaufnahmen von Fels- und Höhlenzeichnungen aus SETE CIDADES zugeleitet werden. Wer weiß, vielleicht »liest« er aus den so ähnlichen Motiven und Symbolen, daß die geheimnisvolle ROTE STADT IM SÜDEN endlich wiedergefunden wurde . . .

Zurückgekehrt, erwartete ich in TERESINA voller Spannung ein Rendezvous mit FELICITAS BARRETO (Abb. 52), einer brasilianischen Indianerforscherin ersten Ranges. Ihr Buch DANZAS INDIGENAS DEL BRASIL mit den Schilderungen von Ritualtänzen verschiedener wild lebender Indiostämme hatte mich sehr beeindruckt, seit einigen Jahren korrespondierten wir, nun sollte ich sie kennenlernen. Frau BARRETO, seit 20 Jahren für die Zivilisation »verloren«, kam aus

52 In TERESINA traf ich die renommierte Indianerforscherin FELICITAS BARRETO. Sie lebt seit 20 Jahren mit Indianern im Urwald am PARU.

dem gottverlassenen Gebiet des oberen RIO PARU, von der brasilia-nisch-französisch-guayanischen Grenze. Bis BELEM wurde sie von der brasilianischen Luftwaffe mitgenommen, Hin- und Rückflug TERESINA hatte ich garantiert.

»Um Gottes willen, was für ein Lärm in dieser Stadt! Können wir uns nicht in einer stillen Höhle verkriechen?!« sagte Frau BARRETO, eine ältere Dame von drahtiger Gestalt. Ich erkundigte mich nach dem ruhigsten Zimmer im Hotel Nacional. – Vom Tonband nehme ich Gesprächsfetzen:

»Seit wann sind Sie nicht mehr in der Stadt gewesen?«

»Seit ziemlich genau zwanzig Monaten. Aber schon dieser eine Tag reicht mir wieder für sehr lange Zeit! Jetzt schon habe ich Heim-weh nach meinen Indianern in den Urwäldern . . .«

»Heimweh? Wonach?«

»Ganz einfach nach der Natur. Ich habe gelernt, stumm mit den Bäumen, den Steinen, mit den Tieren und Tautropfen zu reden. Bei den Indianern wird wenig gesprochen, aber wir verstehen uns alle.«

»Sie leben unter wilden Indianern. Warum bringt man Sie als Weiße nicht um?«

»Indianer sind anders als ihr Ruf, und dann bin ich eine Frau, und eine Frau ist wie eine Schlange ohne Gift, wie eine Waffe ohne

Spitze. Meiner blonden Haare wegen nennen sie mich ›bleicher Halbmond‹. Alle Stämme wissen, daß es mich gibt, alle kennen mich unter diesem Namen, und wenn ich Stammesgebiete wechsle, werde ich überall sehr freundlich empfangen.«

»Wie sind Sie gedreßt? Tragen Sie Jeans?«

»Unsinn! Meistens laufe ich nackt rum oder mit einem Lendenschurz. Der Häuptling des Stammes, in dem ich jetzt lebe, hat mich eingeladen, seine dritte Frau zu werden . . .«

»Um Gottes willen! Sie haben doch nicht Ihr Ja-Wort gegeben?«

»Noch nicht, aber es wäre schön, die dritte Frau des Häuptlings zu sein! Als dritte Frau hätte ich die wenigste Arbeit zu verrichten. Außerdem könnten wir zu dritt den Häuptling verprügeln . . .«

»Wirklich?«

»Ja, warum nicht? Wenn ein Indianer mit seinen Frauen nicht korrekt umgeht oder sie schikaniert, verprügeln ihn seine Frauen! Nachdem er seine Prügel bezogen hat, muß er aus dem Haus, an den Fluß gehen und sich dort in Hockestellung niedersetzen. Holt ihn bis zum Abend keine seiner Frauen ab, muß er diese und alle folgenden Nächte im Männerhaus verbringen und sich neue Frauen suchen. Vielleicht liegt es an diesen strengen Sitten, daß die Indianer wirkliche Gentlemen sind . . . Doch, das muß ich noch sagen, der Stamm läßt keinen im Stich, auch wenn er gemieden wird oder schwer krank ist. Ich wurde zweimal von giftigen Schlangen gebissen, für mehrere Tage hatte ich mein Gedächtnis verloren, da haben mich die Indianer gepflegt und mit Pflanzen, die sie kauten und dann auf die Wunden legten, geheilt . . .«

»Sie kennen meine Bücher. Was wissen die Indianer von der Idee, der Mensch stamme aus dem Weltall?«

»Lassen Sie mich mit einer Legende antworten, die sich der Stamm der KAIATO erzählt. Dieser Stamm lebt am oberen XINGU im Staate MATO GROSSO. Übrigens kennen alle Stämme diese oder eine ähnliche Legende . . .

Weit weg von hier, auf einem fremden Stern, saß ein Indianergericht zusammen, das beschloß, den Wohnort zu wechseln. Die Indianer begannen, ein Loch in den Boden zu graben, immer immer tiefer, bis sie auf der anderen Seite des Planeten herauskamen. Der Häuptling stürzte sich als erster in das Loch und kam nach einer langen kalten Nacht auf der Erde an, da aber wurde der Luftwiderstand so heftig, daß es den Häuptling in seine alte Heimat zurückschleuderte. Der Häuptling berichtete nun dem Stammesgericht von seinem Erlebnis, daß er eine schöne blaue Welt mit viel Wasser und vielen grünen Wäldern gesehen habe und daß er den Rat gäbe, alle Indianer sollten auf diese Welt gehen. Das Gericht beschloß, dem Rat des Häuptlings zu folgen und gab den Indianern den Befehl, aus Baumwollflocken lange Stricke zu drehen. An diesen Stricken ließen sie sich in das Loch gleiten, ganz langsam, damit sie von der Erde nicht auch wieder zurückgeschleudert würden. Da sie so langsam in die Atmosphäre der Erde eintauchten, gelang die große Wanderung und seitdem leben sie auf der Erde. Am Anfang, erzählen die KAIATO, habe es durch den Strick noch einen Kontakt mit der alten Heimat gegeben, doch den habe eines Tages ein böser Zauberer durchschnitten, und seitdem warten sie darauf, daß die Brüder und Schwestern aus der alten Heimat sie auf der Erde suchen und wiederfinden . . .«

»Sprechen die Indianer noch von Sternen?«

»Von den Sternen nicht, aber mit den Sternen! Oft sitzen sie stundenlang reglos im Kreis, halten sich wie in einer endlosen Kette an den Schultern, sie reden kein Wort. Fragt man nach solchen Sitzungen einen, der dabei war, was man eben getan hätte, bekommt man ganz bestimmt keine Antwort, aber von den Frauen weiß ich, daß die Männer mit dem Himmel reden.«

»Sie beten also?«

»Nein, sie führen stumme Zwiegespräche mit irgendwem da oben!« Frau BARRETO hob die Schultern und deutete zur Zimmerdecke.

»Sagen Sie mir: gibt es bei den wilden Indianern noch Riten oder Ritualgegenstände, die auf irgendeine Beziehung zum Weltraum hindeuten?«

»O ja! Da sind die gefiederten Menschen, Indianer, die sich von Kopf bis Fuß mit Federn bekleben, um den Vögeln zu gleichen, die sich so leicht ins All erheben können. Und da gibt es die zahllosen Maskentypen, die sich, wenn man will, alle in Ihrem Sinne deuten lassen. Aus manchen Masken springen mehrfach gegabelte Äste – wie Ihre Antennen auf den Höhlenzeichnungen! Oft vermummen sich die Indios auch ganz in Stroh, um sich durch diese Maskerade ihren sagenhaften Urvätern ähnlich zu machen! JOAO AMERICO PERET, einer unserer wesentlichen Indianerforscher, hat erst kürzlich einige Fotos veröffentlicht, die er bereits 1952 – also lange vor Gagarins erstem Weltraumflug! – von KAYAPO-Indianern in Ritualkleidern des Stammes machte. Wenn man diese Bilder sieht, denkt man natürlich sofort an Astronauten. Die KAYAPOS, nicht zu verwechseln mit den KAIATOS! – leben im Süden des Staates PARA am RIO FRESCO . . .«

53 Diese Aufnahmen von KAYAPO-Indianern machte Dr. JOAO AMERICO PERET im Jahre 1952, als noch niemand ahnte, wie Astronauten gedreßt sind. Die Indianer tragen diese Ritualgewänder in Erinnerung an die Erscheinung des himmlischen Wesens BEP-KOROROTI.

JOAO AMERICO PERET stellte mir liebenswürdigerweise Fotos von KAYAPOS in ihren »Ritualgewändern« zur Veröffentlichung in diesem Buch zur Verfügung (Abb. 53). Er machte sie in einem Indianerdorf am RIO FRESCO, südlich von PARA. Angesichts der wirklich verblüffenden Maskerade scheint es mir wichtig, noch mal ausdrücklich darauf hinzuweisen, daß PERET diese Aufnahmen bereits im Jahre 1952 machte, zu einem Zeitpunkt also, an dem uns allen (geschweige denn den wilden Indianern!) Kleidung und Ausrüstung von Astronauten noch kein vertrauter Anblick war. JURI GAGARIN umkreiste am 12. 4. 1961 mit seinem Raumschiff WOSTOK I zum erstenmal die Erde, und erst seit diesem Ereignis sind uns Astronauten in ihren Anzügen vertraut wie die Kleiderpuppen in den Schaufenstern! — Die KAYAPOS in ihren aus Stroh nachgebildeten Astronautenanzügen bedürfen keines Kommentars — außer dem Hinweis, daß diese »Ritualgewänder« von den Indianermännern dieses Stammes seit urdenklichen Zeiten, wie PERET ermittelte, bei festlichen Anlässen getragen werden.

Die Legende von KAYAPO, die JOAO AMERICO PERET übermittelt, bedarf ebensowenig einer Erläuterung. PERET hörte sie im Dorf GOROTIRE am Ufer des FRESCO vom Indianer KUBEN-KRAN-KEIN, dem alten Ratgeber des Stammes, der den Titel GWAY-BABA, der Weise, trägt. Und dies ist die Legende, die der Weise erzählte:

Unser Volk wohnte auf einer großen Savanne, weit von dieser Region entfernt, von wo aus man die Gebirgskette PUKATO-TI sehen konnte, deren Gipfel von einem Nebel der Ungewißheit umkreist waren, und diese Ungewißheit ist bis auf diesen Tag nicht entschleiert. Die Sonne, müde von ihrem weiten täglichen Spaziergang, legte sich auf den grünen Rasen hinter dem Buschwald, und MEM-BABA, der Erfinder aller Dinge, bedeckte mit seinem Mantel voll hängender Sterne den Himmel. Wenn ein Stern herabfällt, durchquert MEMI-KENITI den Himmel und bringt ihn zum richtigen Ort zurück. Dafür sorgt MEMI-KENETI, der ewige Wächter.

Eines Tages ist BEP-KOROROTI, vom Gebirge PUKATO-TI kommend, zum ersten Mal ins Dorf gekommen. Er war mit einem BO (das ist der Strohanzug auf den Bildern), der ihn vom Kopf bis zu den Füßen bedeckte, gekleidet. In der Hand trug er ein KOP, eine Donnerwaffe. Alle aus dem Dorf flüchteten voll Angst in den Busch, die Männer suchten Frauen und Kinder zu beschützen, und einige versuchten, den Eindringling zu bekämpfen, aber ihre Waffen waren zu schwach. Jedesmal, wenn sie mit ihren Waffen die Kleidung von BEP-KORO-ROTI berührten, fielen sie in Staub zusammen. Der Krieger, der aus dem All gekommen war, mußte über die Zerbrechlichkeit derer, die ihn bekämpften, lachen. Um ihnen seine Kraft zu beweisen, hob er seinen KOP, deutete auf einen Baum oder einen Stein und vernichtete beide. Alle glaubten, daß BEP-KOROROTI ihnen damit zeigen wollte, daß er nicht gekommen war, um Krieg mit ihnen zu machen. So ging das eine lange Zeit.

Es war ein großes Durcheinander. Die mutigsten Krieger des Stammes versuchten, Widerstand zu leisten, aber auch sie konnten sich zuletzt nur mit der Gegenwart von BEP-KOROROTI abfinden, denn er belästigte sie nicht und niemanden. Seine Schönheit, sein strahlendes Weiß der Haut, seine Zärtlichkeit und allen zugewandte Liebe schlug allmählich alle in Bann und zog sie zu ihm hin. Alle bekamen ein Gefühl von Sicherheit, und so wurden sie Freunde.

BEP-KOROROTI fand Gefallen daran, mit unseren Waffen umzugehen und zu lernen, wie er ein guter Jäger werden konnte. Schließlich brachte er es so weit, daß er besser wurde mit unseren Waffen als die Besten des Stammes und mutiger als die Mutigsten des Dorfes. Es dauerte nicht mehr lange, da wurde BEP-KORoROTI als Krieger in den Stamm aufgenommen, und dann suchte ihn ein junges Mädchen als Gemahl aus und heiratete ihn. Sie bekamen Söhne und eine Tochter, die sie NIO-POUTI nannten.

BEP-KORoROTI war klüger als alle, und darum begann er, die anderen mit unbekannten Sachen zu unterrichten. Er leitete die Männer zum Bau eines NG-OBI an, dieses Männerhaus, das heute alle unsere Dörfer haben. Darin erzählten die Männer den Jünglingen von ihren Abenteuern, und so lernten sie, wie man sich in Gefahren zu verhalten hat und wie man denken muß. Das Haus war in Wahrheit eine Schule, und BEP-KORoROTI war ihr Lehrer.

Im NG-OBI kam es zur Entwicklung von Handarbeiten, zur Verbesserung unserer Waffen, und nichts wurde, was wir nicht dem großen Krieger aus dem All verdankten. Er war es, der die »große Kammer« gründete, in der wir die Sorgen und Nöte unseres Stammes besprachen, und so kam eine bessere Organisation zustande, die für alle Arbeit und Leben erleichterte.

Oft leisteten die Jüngeren Widerstand und gingen nicht zum NG-OBI. Dann zog BEP-KORoROTI seinen BO an und suchte die Jüngeren, sie konnten dann keinen Widerstand mehr leisten und kehrten schnell in das NG-OBI zurück, weil sie nur dort sicheren Schutz hatten.

Wenn die Jagd schwierig war, holte BEP-KORoROTI sein KOP und tötete die Tiere, ohne sie zu verletzen. Immer durfte der Jäger das beste Stück der Beute für sich nehmen, aber BEP-KORoROTI, der nicht die Nahrung des Dorfes aß, nahm nur das Nötigste für die Ernährung seiner Familie. Seine Freunde waren damit nicht einverstanden, aber er änderte seine Haltung nicht.

Mit den Jahren änderte sich sein Verhalten. Er ging nicht mehr mit den anderen, er wollte in seiner Hütte bleiben. Wenn er aber die Hütte verließ, ging er immer auf die Berge von PUKATO-TI, woher er gekommen war. Eines Tages aber folgte er dem Willen seines Geistes, den er nicht mehr bezwingen konnte, er verließ das Dorf. Er versammelte seine Familie, und nur NIO-POUTI war nicht dabei, denn sie war abwesend, und sein Aufbruch erfolgte in Eile. Die Tage vergingen, und BEP-KORoROTI war nicht zu finden. Plötzlich aber erschien er wieder auf dem Dorfplatz, und er machte ein fürchterliches Kriegsgeschrei. Alle dachten, er wäre irre geworden und alle wollten ihn beruhigen. Aber als Männer sich ihm nähern wollten, kam es zu einem fürchterlichen Kampf. BEP-KOROROTI benutzte seine Waffe nicht, aber sein Körper zitterte und wer ihn berührte, fiel tot zu Boden. Reihenweise starben die Krieger.

Der Kampf dauerte Tage, denn die gefallenen Kriegergruppen konnten wieder aufstehen, und sie versuchten immer wieder, BEP-KOROROTI zu bezwingen. Sie verfolgten ihn bis auf die Kämme des Gebirges. Da geschah etwas Ungeheures, das alle sprachlos werden ließ. Rückwärts ging BEP-KOROROTI bis an den Rand des PUKATO-TI. Mit seinem KOP vernichtete er alles, was in seiner Nähe war. Bis er auf dem Gipfel der Gebirgskette war, waren Bäume und Sträucher zu Staub geworden. Dann aber gab es plötzlich einen gewaltigen Krach, der die ganze Region erschütterte, und BEP-KOROROTI verschwand in der Luft, umkreist von flammenden Wolken, Rauch und Donner. Durch dieses Ereignis, das die Erde erschütterte, wurden die Wurzeln der Büsche aus dem Boden gerissen und die Wildfrüchte vernichtet, das Wild verschwand, so daß der Stamm anfing, Hunger zu leiden.

NIO-POUTI, die einen Krieger geheiratet und einen Sohn geboren hatte, wie man weiß, eine Tochter des himmlischen BEP-KOROROTI, sagte ihrem Mann, daß sie wisse, wo man für das ganze Dorf Nahrung finden könnte, man müsse ihr aber ins Gebirge nach PUKATO-TI folgen. Auf das Drängen von NIO-POUTI faßte ihr Mann Mut und folgte ihr in die Region von PUKATO-TI. Dort suchte sie im Gebiet von MEM-BABA-KENT-KRE einen besonderen Baum und setzte sich auf dessen Äste, sie hatte dabei ihren Sohn auf dem Schoß. Ihren Mann bat sie, die Äste des Baumes so lange zu biegen, bis deren Spitzen den Boden berührten. In dem Augenblick, da diese Berührung zustande kam, ereignete sich eine große Explosion, und NIO-POUTI verschwand zwischen Wolken, Rauch und Staub, Blitz und Donner.

Der Ehemann wartete einige Tage, war schon mutlos geworden und wollte vor Hunger sterben, als er einen Krach hörte und sah, daß der Baum wieder an der alten Stelle stand. Seine Überraschung war groß, seine Frau war wieder da und mit ihr BEP-KOROROTI, und sie brachten große Körbe voll Nahrung mit, wie er sie nicht kannte und nie gesehen hatte. Nach einiger Zeit setzte sich der himmlische Mann wieder in den phantastischen Baum und befahl wiederum, die Äste auf den Erdboden zu biegen. Nach einer Explosion verschwand der Baum wieder in der Luft.

NIO-POUTI kehrte mit ihrem Mann ins Dorf zurück und gab einen Befehl von BEP-KOROROTI bekannt: Es sollten alle sofort umziehen und ihre Dörfer vor MEM-BABA-KENT-KRE errichten, dem Ort, an dem sie ihre Nahrung bekommen würden. NIO-POUTI sagte auch, daß man die Samen der Früchte und Gemüse und Sträucher auf-

bewahren müsse bis zur Regenzeit, um sie dann wieder in den Boden zu legen, damit sie neue Ernte bringen könnten. So kam bei uns die Landwirtschaft zustande ... Unser Volk zog um zum PUKATO-TI *und lebte dort in Frieden, die Hütten unserer Dörfer wurden zahlreicher, und man konnte sie von den Bergen her bis zum Horizont sehen ...*

Diese von dem Indianerforscher JOAO AMERICO PERET übermittelte KAYAPO-Legende ließ ich im Wortlaut aus dem Portugiesischen übertragen. So alt wie die Legende ist auch der Raumfahreranzug aus Stroh, den die Indianer in Erinnerung an die Erscheinung von BEP-KOROROTI tragen.

VI   Raritäten, Kuriositäten & Spekulationen

Schädeloperationen: 2000 v.d.Z. – Gehirnchirurgie für Menschheit und Raumfahrt – Biotechnik der Zukunft – Der KYBORG *wird konstruiert! – Riesensprünge der Raumfahrttechnik – Die Botschaft an Bord von* PIONEER 10 *– Was Dr.* FRANK DRAKE *sagt – Schneller als das Licht –* MOSES *benutzte* LASERSTRAHLEN *– Staustrahltriebwerk auf der Osterinsel? – Wesen mit Antennen, Raumfahreranzügen und Gasmasken – Der »Eiserne Mann« im Kottenforst bei Bonn – Der Kohle-Nickelstahl-Block in Salzburg – Ein 15 Millionen Jahre alter Schuh – Der Fluch der Pharaonen – Röntgenstrahlen entdecken technische Beigaben an ägyptischen Mumien – Jungsteinzeitmenschen bauten Mondobservatorium – Woher kam die Banane? – Die* UROS *mit dem schwarzen Blut – Kannten Steinzeitmenschen eine Schrift? – Bienengötter – Leben ist älter als die Erde – Fortbildungskurse für Steinzeitmenschen – Starteten Inder vor 3000 Jahren zu Raumflügen? – Unterwassersiedlungen vor den* BAHAMAS *– Massenmord an Tieren in prähistorischer Zeit – Die Höhlen von* KANHERI *– Spekulationen! –* HESEKIEL *kannte ein Raumfahrzeug! – Gespräch mit* JOSEPH F. BLUMRICH *– Mein Wunschtraum*

Der amerikanische Diplomat E. G. SQUIER fand im Jahre 1863 in CUZCO im Andenhochland in PERU einen menschlichen Schädel, der etwa nach 2000 v.d.Z. datiert wurde. Aus der Schädelplatte war ein rechteckiges Knochenstück herausgemeißelt worden. SQUIER gab seinen Fund dem französischen Anthropologen PAUL BROCA (1824 bis 1880), der als erster das Sprachvermögen in einer Windung des Vorderhirns (Brocasche Windung) lokalisierte. BROCA fand in dem hohlen Schädel sechs haarfeine Drähte und diagnostizierte eine Knocheninfektion, die ihn zu der Feststellung veranlaßte, daß an diesem Schädel zu Lebzeiten des Patienten eine Operation vorgenommen worden sein mußte.

Schädeloperationen sind demnach keine gar so epochalen medizinischen Eingriffe unserer Zeit. Seltsam nur, daß es auch moderne Menschen graust, wenn sie Berichte über Gehirnoperationen lesen: alle müßten doch froh sein, wenn die Medizin zu Fortschritten kommt, die die Menschheit von alten Leiden befreien können. Daß bei diesen Bemühungen der Humanmedizin auch die essentiellen. Bedürfnisse künftiger Raumfahrtpläne ein wichtiges »Stimulans« der Forschung sind, möchte ich belegen.

Im METROPOLITAN GENERAL HOSPITAL, CLEVELAND, USA, arbeitet der Neurochirurg Professor ROBERT Y. WHITE. Forschungsziel dieses großen alten Mannes der Gehirnchirurgie ist es, dem Menschheitsübel: Schlaganfall durch operative Eingriffe im Gehirn beizukommen. WHITE baut auf den Forschungen seiner Tokioter Kollegen von der KEO-Universität auf, die Operationen ausführen, indem sie Gehirne auf etwa sechs Grad herunterkühlen: bei 36 Grad Körpertemperatur ständen für eine Gehirnoperation nur ganze drei Minuten zur Verfügung. WHITE experimentiert seit einigen Jahren mit unterkühlten Affengehirnen. Die Nachricht, daß es WHITE bei diesen Versuchen gelang, ein vom Körper separiertes Rhesus-Affengehirn drei Tage lang lebendig zu erhalten, machte Schlagzeilen in der medizinischen Fachpresse. WHITE versorgte das Solo-Gehirn, indem er dessen Blutgefäße an die Halsschlagadern eines lebenden Artgenossen anschloß. – HERBERT L. SCHRADER, der einem Versuch beiwohnte, berichtet:

»Das isolierte Affengehirn lebt. Es sendet elektrische Aktionsströme aus wie jedes lebende Gehirn. Es kann Empfindungen haben, Schmerzen, Angst . . . Vielleicht schläft es auch, vielleicht träumt es. Der Rest, der hier noch von der Persönlichkeit des Affen übriggeblieben ist, kann nicht sehen, nicht hören, nicht riechen, nicht fühlen. Das Gehirn kann keine Information aus der Außenwelt einholen, weil alle Sinnesnerven unterbrochen sind. Es kann auch nicht fliehen, weil es keinen Körper mehr hat, der seine Befehle ausführt. Aber es kann befehlen, denn die Nervenzentrale ist intakt und wird gut durchblutet – vom Blut eines anderen Affen. Niemand weiß, was in einem solchen Gehirn vorgeht, denn es ist noch nicht gelungen, die Schrift seiner elektrischen Ströme zu entziffern. Deshalb ist es auch für die Forscher nur ein organisierter Haufen von vielen Millionen Nervenzellen, die einen Stoffwechsel haben und Ströme aussenden.«

Professor WHITES Mitarbeiter sind der Ansicht, daß die Funktionen des vom Körper separierten Gehirns exakter und schneller reagieren als bei einem mit dem ganzen Organismus »belasteten« Gehirn: es ist im Solo-Zustand nur noch ein Zentrum gespeicherter Informationen, die es aus den Gliedmaßen und aus den Organen aufnahm – aber es ist vollkommen intakt und reaktionsschnell fähig, neue Aktionen entstehen zu lassen.
Die zwangsläufige Entwicklung solcher Versuchsreihen ist die Kopplung eines Solo-Gehirns an einen Computer. So hat der kalifornische Gehirnspezialist Dr. LAWRENCE PINNEO ein Teilchen eines Affen-

gehirns durch einen Computer ersetzt: mit der zwischengeschalteten Technik konnten die Armbewegungen des Tieres gesteuert werden.

Professor JOSÉ DELGADO von der YALE-Universität ging bereits einen Schritt weiter: dem Affenmädchen Paddy senkte er mehrere Sonden ins Aggressionszentrum des Gehirns und setzte außerdem einen winzigen Sender unter die Kopfhaut ein. Wurde Paddy wütend, drückte DELGADO einige Knöpfe des Befehlsgebers, und die Affendame (die übrigens bei der ganzen Prozedur keinen Schmerz erlitt!) wurde sofort lammfromm.

Der Londoner Gehirnchirurg Professor GILES BRINDLEY arbeitet nun schon an menschlichen Gehirnen. BRINDLEY pflanzte einer alten erblindeten Frau achtzig kleinste Elektroden in die weiche Gehirnmasse, und die Lady erkennt bereits wieder geometrische Figuren! – An der Universitätsklinik in NEW ORLEANS setzte man drei Männern Elektroden ins Lustzentrum: mit einem Befehlsgeber, den die Herren in der Hosentasche tragen oder unterm Kopfkissen verstecken, können sie sofort topfit für einen Sexualakt sein. Vielleicht haben diese technischen Aphrodisiaca eine ungeheure Zukunft für die streßgeschädigte Männerwelt . . .

Die Biotechnik (bioengineering) ist ein noch sehr junger Sproß unter den etablierten Wissenschaften, aber er mausert sich schnell unter dem Zwang der Notwendigkeiten. Die biotechnische Entwicklung steht erst ganz am Anfang. Wird es ihr gelingen, den KYBORG, diese Kombination aus Solo-Gehirnen und Computern, zu konstruieren? Fraglos. Immerhin führte Dr. R. M. PAGE, WASHINGTON, Leiter des Forschungslaboratoriums der US-Marine, das Projekt, Gedanken und Pläne und Befehle über Solo-Gehirne – frei von allen Einflüssen – einem Computer einzufüttern, in die seriöse Diskussion ein. Wann dieses Projekt zu verwirklichen ist? Professor ROBERT L. SINSHEIMER, California Institute of Technology, PASADENA, USA, gibt eine generelle Auskunft über Chancen wissenschaftlicher Forschung:

»Die Geschichte der Naturwissenschaften und der Technik hat besonders in diesem Jahrhundert gezeigt, daß sich Wissenschaftler fast immer geirrt haben – insbesondere die konservativen –, wenn sie das Tempo voraussagen sollten, mit dem neue Erkenntnisse der wissenschaftlichen Forschung in die Praxis umgesetzt werden.«

Es wird zwangsläufig zum KYBORG kommen müssen, weil das Dutzend Milliarden Nervenzellen, vermehrt um die hundert Milliarden Zellen im Stützgewebe des Nervensystems, allein in der Lage ist, das Wissen, die Kenntnisse der Gegenwart für die Zukunft zu speichern und zu verwerten. Was die 1300–1800 Gramm unserer Gehirnmasse wirklich in sich haben, wird sich erst am Ende dieser breiten neuen Forschung zeigen. Erst ein KYBORG wird beweisen, daß bisher und stets nur ein geringer Bruchteil des ungeheuren Speichers unserer grauen Zellen genutzt wurde.

Wie wichtig Gehirnforschung und Gehirnchirurgie für das Wohl-befinden der Menschheit sind, sollte kommentarlos klar sein. Wie wichtig aber diese Ergebnisse der Forschung der Humanmedizin auch für künftige Raumfahrt sind, liegt auch auf der Hand. Für den technischen Griff nach den Sternen gibt es zwei Möglichkeiten. Gelingt es in den nächsten Jahrzehnten nicht, Triebwerke zu kon-struieren, die Raumschiffe auf annähernde Lichtgeschwindigkeit (= 300 000 km in der Sekunde) bringen, dann ist die Reise mensch-licher Astronauten selbst zum nächstgelegenen Fixstern PROXIMA CENTAURI unmöglich: er ist 4,3 Lichtjahre von uns entfernt, und 3000 Erdenjahre Weltraumflug sind eine absurde Vorstellung. ZEIT als Riesenhürde vor dem Gelingen von Weltraumflügen *kann* indes-sen durch den KYBORG überwunden werden. Das Solo-Gehirn — aus einer Nährflüssigkeit mit Frischblut versorgt — wird, an einen Com-puter angeschlossen, die Befehlszentrale eines Raumschiffes sein. Nach Ansicht von ROGER A. MACGOWAN, einem wissenschaftlichen Praktiker, wird der KYBORG einmal zu einem elektronischen »Wesen« entwickelt werden, dessen Funktionen in einem Solo-Gehirn pro-grammiert sind und von diesem in Befehle umgesetzt werden. Der KYBORG altert nicht, wird nicht krank, kriegt keinen Schnupfen, hat keine Gedächtnislücken: er wäre der ideale Kommandant eines Raumschiffes. Und die unüberbrückbare Kluft zwischen uns und den Sternen aus einem Meer von Zeit wäre überwunden . . .

Die technischen Entwicklungssprünge der Raumfahrt sind so gewal-tig, daß es nützlich ist, daran zu erinnern, daß die ersten Messungen in Mondnähe am 13. 9. 1959 durch die unbemannte Sonde LUNIK 11 durchgeführt wurden! Nur zehn Jahre später, seit 1969, starten be-mannte Raumschiffe nach Fahrplan zum Mond.
Bis zu diesem, den Himmel öffnenden Jahr gab es erfolgreich ge-startete *unbemannte* Raumflüge . . .

	USA	UdSSR
Im Erdumlauf	529	272
Mond getroffen	12	6
Mondumlauf	6	5
Venus getroffen	—	2
Sonnenumlauf	11	8
... und *bemannte* Raumflüge:		
Flüge	15	9
Erdumkreisungen	840	310
Pilotenstunden im Raum	2773	533

Im Frühjahr 1973 hat SKYLAB, die erste Weltraumstation, Wernher von Brauns »Lieblingskind«, HOUSTON verlassen.

Wurde bei allen bisherigen APOLLO-Flügen mit jedem Kilogramm Gewicht gegeizt – je Kilogramm Nutzlast werden 5180 kg Treibstoff gebraucht – hat SKYLAB bereits ein Ausmaß an Komfort zu bieten, wie ihn Science-fiction-Autoren entworfen haben könnten: 14 m lang, 6,6 m breit, stehen den Astronauten Arbeitsraum und Schlafkabinett zur Verfügung und sogar eine Badekabine, die aus einem Reservoir mit 3000 l Wasser gespeist wird. In Kühlschränken lagert eine Tonne erlesener Nahrungsmittel. Die Astronauten stehen mit HOUSTON nicht nur, wie bisher, durch Funk und Fernsehen in dauerndem Kontakt, sie können auf 160 Rollen Fernschreibpapier die Ergebnisse ihrer wissenschaftlichen Aufträge per Funkschreiber zur Erde tippen. Damit die Astronauten nun auch nicht mehr immer in dieselbe Hose machen müssen, hat SKYLAB einen ausgewachsenen Spind mit 60 Kleidungsstücken.

Was hätte ich zu hören bekommen, wenn ich 1968 in ERINNERUNGEN AN DIE ZUKUNFT diesen SKYLAB für 1973 prognostiziert hätte!

Als erstes von Erdbewohnern konstruiertes Flugobjekt, welches unser Sonnensystem verlassen soll, schoß im März 1972 die amerikanische JUPITER-Sonde PIONEER 10 von der Startrampe in CAPE KENNEDY zu einer vielleicht 100 Millionen Jahre dauernden Reise. Nach rund 600 Tagen, Anfang Dezember 1973, wird PIONEER 10 den größten Planeten unserer Galaxis, JUPITER (Äquatorumfang 143640 km), passieren. Mit einer Masse, die 318mal so groß ist wie die Erde, ist JUPITER größer als alle Planeten zusammen.

PIONEER 10 wird die Bahnen des SATURN, URANUS und PLUTO kreuzen und dann unser Sonnensystem verlassen.

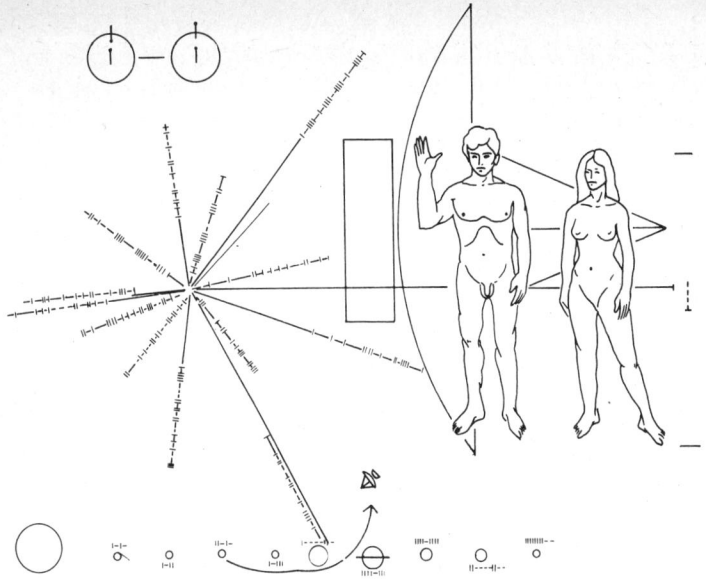

54 Dies ist die Gold-Aluminium-Plakette, die *Pioneer 10* auf seine 9461 Billionen km lange Reise als Botschaft für fremde Intelligenzen mitnahm. CARL SAGAN und FRANK DRAKE ersannen eine Kosmische Schrift.

Schon der Start der Sonde mit fast 300 kg Gewicht brachte für die Raumfahrttechnik eine Sensation: mit einer dreistufigen Atlas-Centaur-Rakete mußte die Sonde auf eine Beschleunigung von 52000 Stundenkilometer gebracht werden, damit die ballistische Kurve — haarscharf an JUPITER vorbei — erreicht werden konnte. Damit wurden alle Geschwindigkeitsrekorde eingestellt. PIONEER 10 hat eine besonders entwicklungsträchtige technische Neuheit an Bord. Weil in der Nähe des JUPITER das Sonnenlicht nur $1/27$ der Kraft wie auf der Erde hat, konnte man keine energiespeichernden Sonnenbatterien einbauen. Für PIONEER 10 wurde erstmals ein winziges Atomkraftwerk konstruiert! Die Reaktoren werden mit PLUTONIUM-238-DIOXYD betrieben, und die erzeugte Energie wird mit ihren Wattmengen ausreichen, von dem 28 Billiarden (28×10^{15}) km langen Flug Funksignale zur Erde senden.

Mich interessieren hier nicht so sehr die Meßdaten, die PIONEER 10 liefert, so wichtig sie am Beginn des Zeitalters der Erkundung und Erforschung der äußeren Planeten auch sind. Mich interessiert die ALUMINIUM-GOLDPLAKETTE, die PIONEER 10 an Bord hat! Die amerikanischen Astrophysiker und Exobiologen CARL SAGAN von der CORNELL-Universität und FRANK DRAKE vom Astronomischen Forschungszentrum der USA setzten bei der NASA durch, daß eine goldbeschichtete Aluminiumplatte von 15,20 × 29 × 1,27 cm in der Sonde fixiert wurde, damit außerirdische Intelligenzen, die PIONEER 10 möglicherweise begegnen, dieser Platte Informationen entnehmen können (Abb. 54).

Der Text der Botschaft konnte in keiner uns bekannten Weltsprache abgefaßt werden, weil diese mit 100prozentiger Sicherheit nicht verstanden würde. SAGAN und DRAKE entwickelten eine Zeichensprache, die ihrer Ansicht nach allen denkenden Wesen verständlich sein müßte.

Was soll die Plakette berichten?

Woher kommt PIONEER 10? Wer hat PIONEER 10 in den Weltraum entsandt? Wann startete PIONEER 10? Welches ist der Heimatplanet? Als »Bild«, das nicht entschlüsselt werden muß, weil es alle Intelligenzen kennen, wurde am Fuß der Platte die Sonne mit ihren neun Planeten dargestellt. — Die Planetenentfernungen von der Sonne wurden in binären Zahlensymbolen angegeben. Hat, zum Beispiel, MERKUR einen Sonnenabstand von zehn binären Einheiten — ausgedrückt mit 10 10 — dann ist die Erde 26 Einheiten (= 11 0 10) von der Sonne entfernt. Da das binäre Zahlensystem die »Sprache« aller logisch aufgebauten Computer ist, könnte sie, sagen SAGAN und DRAKE, von fremden Intelligenzen am ehesten verstanden werden. — Rechts auf der Plakette ist schematisch der Umriß von PIONEER 10 auf der Flugbahn Erde/Jupiter eingraviert. Davor stehen ein nackter Mann und eine nackte Frau, der Mann hebt zum Zeichen des Friedens die rechte Hand. — Die linke Hälfte zeigt die Position der Sonne mit 14 Linien, kosmische Energiequellen, die aus der Position der Sonne sowohl das Startdatum wie den Heimatort der Sonde ebenso durch binäre Notierungen deutlich machen sollen. — Als »Schlüssel« zur Entzifferung aller Mitteilungen ist an den linken oberen Rand ein Wasserstoffatom, dessen immer gleiche Struktur in allen Welten gesichert ist, gezeichnet. Damit könnte eine fremde Intelligenz (wenn sie technisch denkt!) sogar die Körpergröße der Frau ermitteln: die Wellenlänge des Wasserstoffatoms in der Spektralanalyse (die auf der Plakette mit einer 20,3-cm-Linie symbolisch von der Sonne ausgeht) würde mit der Binärzahl 10 00, die neben der Dame markiert ist und einer »8« entspricht, multipliziert: 8 × 20,3 = 162,4. Und das wäre dann die Körpergröße der Plaketten-Eva: 162,4 cm!

In NEW YORK traf ich Dr. FRANK DRAKE. Ich fragte ihn, warum man die Aluminiumplatte mit einer Goldschicht überzogen hat.

55 Könnte diese Goldplatte eine Botschaft fremder Astronauten an uns sein? Man achte auf die Tiere (links) und »binären« Markierungen! (rechts). Wer wird diesen Code entziffern? Was hat er uns zu melden?

»Die Sonde kann theoretisch 28 Billiarden Kilometer zurücklegen. Sie kann auch 3000 Lichtjahre unterwegs sein (ein Lichtjahr ist eine Strecke von 9,461 Billionen km, die das Licht in einem Jahr zurücklegt). Wenn wir erreichen wollten, daß unsere Plakette nach dieser langen Reise noch von irgendwem entziffert werden kann, mußte man sie mit einem Edelmetall vor Korrosion schützen. Mit Gold beschichtetes Aluminium war am preiswertesten.«

»Für wen sind die Mitteilungen auf der Plakette bestimmt?«

»Für irgendeine Intelligenz, die die Sonde vielleicht einmal ortet und dann einer Prüfung und Deutung unterzieht. Aber allein die Tatsache, daß wir PIONEER 10 einen kosmischen Botschafter mitgeben konnten, werten SAGAN und ich als hoffnungsvolles Zeichen einer an der Zukunft interessierten Zivilisation, die nicht nur auf Zeichen aus dem All wartet, die vielmehr selbst Informationen aussendet.«

Ich halte die Unternehmung von SAGAN und DRAKE für eine echte Chance, klugen Wissenschaftlern auf fernen Planeten Informationen »zuspielen« zu können.

Was geschieht aber, wenn diese PIONEER-Plakette in eine Kultur »hineinplatzt«, die nichts vom binären Zahlensystem und von Computertechnik versteht? Werden dann die unbekannten Brüder im All die Gold-Aluminium-Platte als ein außerordentliches Geschenk der Götter hoch droben aus dem Himmel betrachten? Werden unsere fremden Brüder dann vielleicht ihren Kindern beibringen, wie sie ähnliche »Bilder« anfertigen können? Werden sie selbst Nachahmungen basteln und in ihren Tempeln aufstellen? Werden dann auch dort, irgendwo im All, Archäologen behaupten, es handle sich um Ritualrequisiten? Was alles kann aus der Plakette von CAPE KENNEDY noch gemacht werden?

Wenn Wissenschaftler des Jahres 1972 zwei nackte Wesen unserer Art, dazu Sonnen, Linien, Kreise auf einer leuchtenden Plakette ins Weltall schicken, warum eigentlich sollen dann nicht auch außerirdische Wesen, 3000 Lichtjahre von uns entfernt, ähnliche Botschaften oder ihnen gemäße Variationen *zu uns* auf die Reise gebracht haben? Lege ich die Plakette von PIONEER 10 neben eine der Goldplatten der Inkas und vergleiche die Zeichen unter der Lupe, dann frage ich mich, warum man nicht endlich beginnt, alle diese Kreise, Linien, Rhomben, Quadrate und punktierten Linien mit den Augen von Menschen des Weltraumzeitalters zu betrachten und zu prüfen. Vielleicht kann man sie sogar entziffern (Abb. 55).

Sollte diese Mühe den möglichen Erfolg nicht lohnen?

In ERINNERUNGEN AN DIE ZUKUNFT deutete ich zaghaft die Möglichkeit an, daß Lichtgeschwindigkeit vielleicht nicht unbedingt die oberste Geschwindigkeitsgrenze sein müsse. Diese frivole Andeutung wurde mit eisigem Schweigen bedacht, weiß doch jedermann, daß EINSTEIN bewiesen hat, daß es nichts Schnelleres als Licht gibt. EINSTEIN hat bewiesen, daß Licht eine universale Konstante ist, jedoch in seiner Formel den Faktor t = Zeit berücksichtigt. Durch den Faktor t wird die obere Geschwindigkeit relativiert: z.B. vergeht die Zeit in einer Rakete je nach Bewegungszustand langsamer oder schneller, die Distanzen verändern sich, und also verschiebt sich auch die obere Grenze der Lichtgeschwindigkeit. Das sagt *nichts* gegen die Relativitätstheorie, die schlüssig und für alle Zeiten beweist, daß ein Körper, der sich unterhalb der Lichtgeschwindigkeit bewegt, mit endlichem Energieaufwand *niemals* über Lichtgeschwindigkeit kommen kann. Doch wie steht es mit *unendlichem* Energieaufwand?

Tatsächlich bestätigen heute Physiker und Astronomen, daß Lichtgeschwindigkeit *nicht* die obere Grenze aller Bewegung ist. Professor Dr. Y. A. WHEELER von der PRINCETON-Universität, USA, natürlich ein hervorragender Kenner der allgemeinen Relativitätstheorie und immerhin Miterfinder der Wasserstoffbombe, also sicherlich kein Phantast, entwarf das Modell eines »Superraumes«, in dem Zeit und Lichtgeschwindigkeit ihre Werte verlieren. So widersinnig es sich anhören mag: im Superraum könnten Raumschiffe ohne Zeitverlust an jedem gewünschten Ort sein.

Sind also theoretisch alle Möglichkeiten interstellarer Raumfahrt vorhanden? Vielleicht. Irgendwann. Mit den subatomaren Teilchen der TACHYONEN, LUXONEN und TARDYONEN rückt eine neue, eine subatomare Welt ins Blickfeld der Physiker: alle diese Teilchen bewegen sich schneller als das Licht in ihrem Inertialsystem (»Inertialsystem« ist ein Bezugssystem, in dem keine Trägheitskräfte auftreten, ein kräftefreier Massenpunkt bleibt darin in Ruhe oder in gleichmäßiger Bewegung). TACHYONEN, LUXONEN und TARDYONEN bewegen sich ständig mit Überlichtgeschwindigkeit. Damit gelten für diese Teilchen bisherige Energieberechnungen nicht mehr, weil sie »von Natur aus« überlichtschnell sind. Unsere Welt, in der Lichtgeschwindigkeit die absolute Bezugsgröße für die obere Grenze der Beschleunigung ist, ist *ein* Inertialsystem – die Welt der TACHYONEN, LUXONEN und TARDYONEN mit ihren Überlichtgeschwindigkeiten ist ein *anderes* Inertialsystem.

Das wissen heute die Physiker, doch auch die Astronomen haben entdeckt, daß Lichtgeschwindigkeit nicht die absolute Grenze der

Beschleunigung ist. Eine britische Forschergruppe von der Universität OXFORD unter der Leitung von Y. S. ALLEN und GEOFFREY ENDAEN kam nach vieljährigen Untersuchungen zu dem Ergebnis, daß sich die elektromagnetischen Felder im Krebsnebel im Sternbild des STIER mit einer Geschwindigkeit von 600000 km pro Sekunde bewegen müssen. Auch die renommierte englische Fachzeitschrift NATURE wußte über Möglichkeiten einer Über-Lichtgeschwindigkeit zu berichten.

Noch sind diese neuen Entdeckungen nicht mehr als erste Indizien für mögliche *unendliche* Beschleunigungen.

Wie lange ist es her, daß ein *Atom* lediglich als kleinstes Teilchen mit den Eigenschaften eines chemischen Elements identifiziert wurde, und wie alt ist das Wissen, daß sich jede Stoffmenge aus einer unvorstellbar großen Zahl von Atomen zusammensetzt? Erst 1913 schuf der dänische Nobelpreisträger NIELS BOHR (1885–1962) mit seinem Atommodell (Bohrsches Atommodell) die Grundlage der modernen Atomtheorie. Heute wird Atomenergie, gewonnen aus der Bindungsenergie der Protonen und Neutronen im Atomkern, industriell verwertet. Atomenergie kann allein die Energieversorgung der Welt sichern. Diese effektive Anwendung einer grundstützenden physikalischen Idee wurde der Menschheit mit Entsetzen bewußt, als die USA im November 1952 im Gebiet der Marshallinseln die erste Wasserstoffbombe zur Explosion brachten — auch ein Produkt von Atomenergie, das mit seinem Bild vom »Atompilz« die friedliche Nutzung immer noch beschattet.

Dies uns so naheliegende Beispiel möge ein sehr praktischer Hinweis darauf sein, wie schnell erste Entdeckungen über phantasievolle Anwendungen der Techniker zu effektiven Resultaten führen können. Zumindest sind uns die Sterne durch die Feststellung überlichtschneller Teilchen wieder ein Stückchen nähergerückt ...

Es ist noch nicht lange her, da statteten Autoren utopischer Romane geheimnisvolle Mächte mit Strahlwaffen aus, die Löcher in Wände schneiden konnte, Waffen verglühen und Menschen verdampfen ließen.

Diese Strahlen gibt es heute. Sie sind jedem Kind als LASERSTRAHLEN bekannt. Das ganze, wirklich große Geheimnis ist ein Gerät zur Verstärkung von Lichtstrahlen durch erzwungene Strahlungsemission eines Kristalls. Die rasante technische Entwicklung löste die zuerst benutzten Rubine längst durch andere Festkörper, sogar durch Gasgemische, ab, die kontinuierlich Licht aussenden. Im Brennpunkt einer in den LASERSTRAHL gestellten Linse entstehen so hohe Feld-

stärken, daß sogar hochschmelzende Metalle *verdampfen*. Die Nütz-
lichkeit dieser auf mikroskopisch feine Punkte gerichteten Strahlen
dienen inzwischen nicht nur zur Lichtverstärkung in astronomischen
Fernrohren und zur ungestörten Leitung von Funkverbindungen, sie
werden auch routinemäßig in Uhrenfabriken benutzt, um winzigste
Löcher in hauchdünne Metallplättchen zu schießen. Bei Augenopera-
tionen schweißt man damit die gelöste Netzhaut wieder an. Es ist
kein Geheimnis mehr, daß in Ost und West an LASER-Gewehren und
LASER-Kanonen experimentiert wird.

Ist die Idee von LASERSTRAHLEN auch gar nicht mehr so neu?

Im zweiten Buch MOSES, Kapitel 17, Vers 11–14, scheint mir der
Text ziemlich eindeutig auf die Anwendung einer LASER-Waffe hinzudeuten:

»MOSES aber und ARON und HUR stiegen auf die Höhe des Hügels
(11). So lange nun MOSES seine Arme hochhielt, hatte Israel die
Oberhand; wenn er aber seine Arme sinken ließ, hatte AMALEK die
Oberhand (12). Da jedoch die Arme MOSES schwer wurden, nahmen
sie einen Stein, und legten denselben unter ihn und er setzte sich
darauf, während ARON und HUR seine Arme stützten, der eine auf
dieser, der andere auf jener Seite. So blieben seine Arme fest, bis die
Sonne unterging.«

Was ging hier vor?

In der Schlacht gegen die AMALEKITER siegten die ISRAELITEN nur so
lange, wie MOSES droben auf dem Berg die Arme hob. Nun konnten
die erhobenen Arme des müden Schlachtenlenkers *allein* wenig
nützen, und sie wurden auch nicht »gefährlicher«, wenn die Getreuen
sie stützten. Ich nehme deshalb an, daß MOSES einen kriegsentschei-
denden, ziemlich schweren Gegenstand in den erhobenen Händen
hielt. Auf seinem Feldherrnhügel hatte er die feindlichen Parteien
im Blickfeld. Berührte er die AMALEKITER mit seiner Strahlwaffe,
dann siegten seine Leute, ließ er die Arme sinken (und damit zugleich
die Strahlwaffe), dann attackierten die mit altmodischen Waffen
kämpfenden AMALEKITER erfolgreich. Diese meine Spekulation findet
im gleichen Kapitel, Vers 9, eine kräftige Stütze, denn dort wird
gesagt, MOSES stände auf der Höhe des Hügels »*mit dem Stabe
Gottes*« in der Hand! Ist es, so betrachtet, nicht logisch, daß die
Schlacht sich gegen die ISRAELITEN wendet, wenn MOSES, müde geworden, die Strahlwaffe sinken läßt?

In ZURÜCK ZU DEN STERNEN zeigte ich eine PETROGLYPHE (Abb. 56a)
von der OSTERINSEL, die eine seltsame Figur, halb Fisch, halb

Mensch, darstellt. Inzwischen wurde ich von einem technisch versierten Leser (Horst Haas) darauf aufmerksam gemacht, daß es sich bei dieser Osterinsel-Bodenzeichnung sehr wohl um die Darstellung eines STAUSTRAHL-TRIEBWERKES (Abb. 56b) handeln kann: am »Kopf« der Zeichnung ist die *Lufteintrittsöffnung* anzunehmen; die folgende Verengung wäre dann das *Treibstoff-Eintrittsgitter*, die bauchige Ausweitung, die *Verbrennungs- und Druckkammer* mit einer Raumverjüngung zur *Austrittsöffnung* für die hohen Gasgeschwindigkeiten, während der eingezeichnete Stern als *Symbol des Zündfunkens* zu verstehen wäre... die ganze Zeichnung wäre demnach das stilisierte Modell einer STAU-STRAHL-ANTRIEBSDÜSE. »Wenn auch die Zeichnung im ganzen nicht mit einer aerodynamischen Form übereinstimmt«, schreibt mir Horst Haas, »ließen sich weitere Hinweise über das Flugverhalten etc. vielleicht aus einer genauen Vermessung der auf der Ebene von NAZCA angenommenen Landebahnen ableiten.«

Ich meine: die Archäologen sollten endlich einmal ihre Kollegen von einer technischen Hochschule um Rat befragen!

Die OSTERINSEL bleibt ein Eiland voller Rätsel: Forschung lohnt! In seinem Buch PHANTASTIQUE ILE DE PAQUES berichtet FRANCIS MAZIÈRE von einer Ausgrabung, die einen im Typ unbekannten Kopf ans Tageslicht brachte: während die Köpfe aller Statuen bartlos sind, ziert diesen Kopf ein Bart und in ihm stecken facettierte Augen, wie sie Insekten haben (und wie man sie von japanischen DOGU-Plastiken kennt). Das Verblüffendste aber sind zwei Stangen, die aus dem Kopf sprießen. Würde nun jemand behaupten, es handle sich um irgendwie symbolisch gemeinte Formungen von Tiergeweihen, dann geht dieser Schuß ins Leere: auf der OSTERINSEL hat es nie gehörnte Tiere gegeben! Auch ein humorbegabter vorzeitlicher Bildhauer hatte keine Vorlage, nach der er einem Mann Hörner hätte aufsetzen können! Es ist allmählich töricht, zu leugnen, daß die prähistorischen Künstler – ohne alle Phantasie! – Antennen formten, wie sie sie bei den Göttern, die aus dem All zu ihnen kamen, gesehen hatten...

LOUIS PAUWELS und JACQUES BERGIER berichten aus einer ganz anderen Ecke der Welt von technisch markierten nichtmenschlichen Wesen! Im HUNAN-Gebirge (Volksrepublik China) wurden Granitreliefs entdeckt, die Wesen in Taucher- oder Raumfahrtanzügen mit »Elefantenrüsseln« darstellen. Die Frage, ob diese Rüssel etwa Atemgeräte gewesen sind, drängt sich geradezu auf. Interpreten

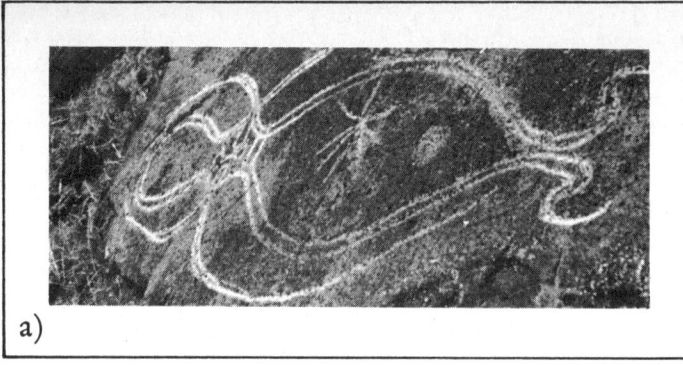

a)

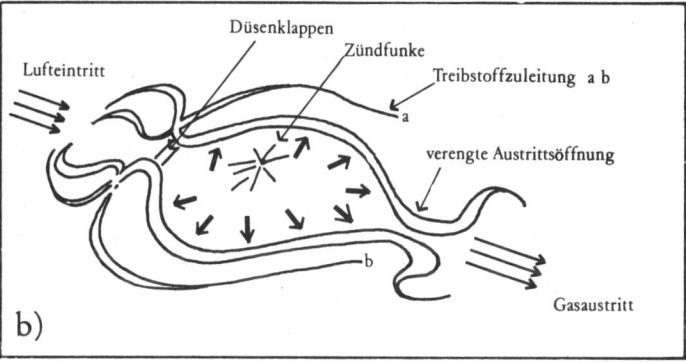

Düsenklappen

Zündfunke

Lufteintritt

Treibstoffzuleitung a b

a

verengte Austrittsöffnung

b

Gasaustritt

b)

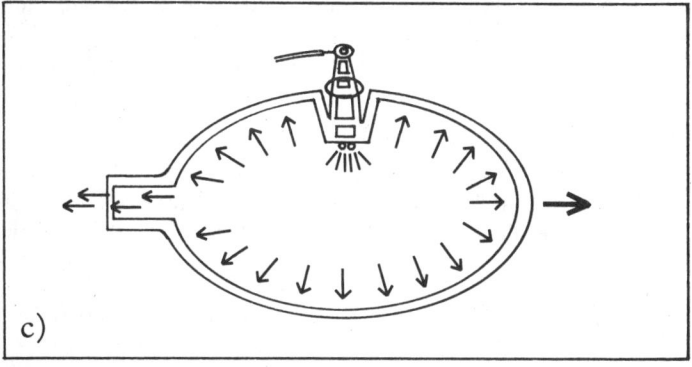

c)

56 a) Eine Petroglyphe an der Küste der Osterinsel
   b) Deutung der Zeichnung als Staustrahl-Triebwerk
   c) Querschnitt einer modernen Verbrennungsrakete.

solcher Funde werden die Frage als absurd abtun, weil man diesen Rüsselwesen ein Alter von 45 000 Jahren v.d.Z. zubilligt. – Jeder solcher Funde sollte beunruhigen, weil jeder Fund die Gewißheit vom vorzeitlichen Besuch fremder Astronauten wahrscheinlicher macht. Muß der Schuster bei seinem alten Leisten bleiben?

In DELHI existiert ein alter Pfeiler aus Eisen, der weder Phosphor noch Schwefel enthält und daher durch Witterungseinflüsse nicht zerstört werden kann. – Man muß nicht immer das ausgeplünderte Abendland verlassen, um zu ebenso verwunderlichen Entdeckungen zu kommen! Im KOTTENFORST, wenige Kilometer westlich von BONN, steht ein Eisenpfahl, den die Leute dort, wie mir Dr. HARRO GRUBERT, KÖLN, schreibt, seit Urväterzeiten den *Eisernen Mann* nennen. Der Eisenpfahl ragt 1,24 m aus dem Boden, soll aber nach verschiedenen Schätzungen und Magnetwiderstandsmessungen 28 m tief im Boden stecken. Das aus dem Boden ragende Stück zeigt eine leichte Oberflächenverwitterung, jedoch seltsamerweise keine Spuren von Rost. Erstmals taucht der Pfahl (Abb. 57) in einer Urkunde aus dem 14. Jahrhundert auf, er wird als dörfliche Grenzmarkierung angegeben. In unmittelbarer Nähe des Eisenpfahles liegen ein ausgebautes steinernes Gangsystem sowie Reste einer römischen Wasserleitung, die aber nicht – Wunder über Wunder! – in der üblichen Richtung EIFEL–BONN oder EIFEL–KÖLN verläuft, sondern rechtwinklig dem Pfahl zustrebt. Niemand weiß bisher mit der langen rechteckigen Eisenstange etwas anzufangen, und in dieser Landschaft versteht man eine Menge von Eisen! Sollten sich Metallurgen nicht einmal die Zeit nehmen, bei einer Reise ins Entwicklungsland INDIEN zu prüfen, ob der Eisenpfeiler im Tempelhof zu DELHI nicht eine ähnliche Legierung hat wie der eigenartige Stempel im KOTTENFORST? Aus solchem *Wissen* könnten sich Hinweise auf das Alter beider Säulen ergeben, denn *in diesem eisernen Mann* eine »Grenzmarkierung« für ein Dorf zu sehen, halte ich für absurd. Warum sollte der Eisenpfeiler dann 28 m tief im Boden stecken? Auch Mitteleuropa kann *ein* Ziel für »Götterbesuche« gewesen sein und dann würde der *Eiserne Mann* schon seinen Sinn bekommen . . .

Auch in SALZBURG *gab* es eine Rarität! JOHANNES V. BUTTLAR berichtet:
»Wer weiß das Geheimnis um Dr. GURLTS Würfel zu lösen? Das sonderbarste Gebilde, jemals in einem Kohlenblock aus der Tertiärzeit entdeckt, wo es für viele Jahrmillionen eingeschlossen war! Die-

57 Der »Eiserne Mann« im Kottenforst bei Bonn steckt 28 m tief im Boden. In DELHI steht ein ähnlicher Eisenpfahl. Beide rosten nicht!
(Der Autor veröffentlichte die Zuschrift eines interessierten Lesers. Im Jahre 1976, sechs Jahre nach Erscheinen, wurde der Eisenpfahl freigelegt, und damit erwiesen sich viele vorgebrachten Ansichten als unrichtig. Es handelt sich hier nämlich um einen Wegweiser aus der ersten Hälfte des 18. Jahrhunderts. Die in nebenstehender Zuschrift vermutete Erklärung ist also hinfällig geworden.)

ser beinahe exakte Würfel wurde 1885 gefunden. Um seine Mitte zog sich ein tiefer Einschnitt und zwei Paralleloberflächen waren abgerundet. Er bestand aus einer harten Kohle-Nickelstahl-Legierung und wog 785 g. Sein Schwefelgehalt war zu gering, um ihn auf natürlichen Kies zurückführen zu können, der hin und wieder in bemerkenswert geometrischen Formen vorkommt. Die Wissenschaftler konnten sich über die Herkunft des Würfels nie einigen. Er wurde bis 1910 im SALZBURGER MUSEUM aufbewahrt und ist dann eigenartigerweise verschwunden. Rätsel über Rätsel!«

Wenn der Würfel aus dem Tertiär stammte, kann ich nur fragen: kannten Affen ein Verfahren zur Stahlherstellung?

In FISHER CANYON, NEVADA, wurde in einem Kohleflöz der Abdruck eines Schuhs gefunden. Der Abdruck der Sohle ist so deutlich, berichtet ANDREW TOMAS, daß sogar die Spuren eines starken Zwirns zu erkennen sind. Das Alter dieses Schuhabdrucks wurde auf 15 Millionen Jahre geschätzt. »Der Mensch erschien erst nach weiteren 13 Millionen Jahren. Oder, mit anderen Worten, der primitive Mensch tauchte nach der allgemeingültigen Ansicht vor rund 2 Millionen Jahren auf und begann erst vor 20000 Jahren Schuhe zu tragen! Wessen Fußabdruck kann es also sein?«

Ich kann die Frage auch nur mit Vermutungen beantworten: entweder haben sich die Affen Schuhe gemacht und Sohlen geflochten (und dann war das horizontale Gewerbe nicht das älteste Gewerbe der Welt!) oder es sind vor Millionen Jahren Wesen auf der Erde spaziert, die Schuhe bereits als sehr zweckmäßige Hüllen für die Füße gekannt haben . . .

1972 fand der englische Archäologe Professor WALTER BRYAN EMERY in einem unterirdischen Gang bei SAKKARA, ÄGYPTEN, einen Brocken Kalkstein. Als der Forscher ihn vorsichtig zerlegte, kam eine Statuette des Sonnengottes OSIRIS zum Vorschein. Plötzlich ging ein Schlag durch den Körper, Professor EMERY brach zusammen. Herzinfarkt. Zwei Tage später starb er in einer Klinik in KAIRO. Er war das 20ste Opfer des »Fluches der Pharaonen«.

Welche bisher unbekannten Kräfte sind hinter diesen geheimnisvollen Todesfällen, die ausnahmslos aktenkundig sind, zu ahnen? Können bisher nicht identifizierte Energieformen wirksam werden, sobald ein Mensch die verfluchten Nachlässe berührt?

Eine solche Spekulation bekommt einen ziemlich handfesten Background, wenn man weiß, daß erst in den beiden letzten Jahren mittels Röntgenstrahlen an Mumien, die seit Beginn des 20sten Jahrhunderts im MUSEUM in KAIRO liegen, die eigenartigsten Gegenstände festgestellt wurden. UNITED PRESS INTERNATIONAL verbreitete den Bericht des Leiters einer Archäologengruppe, JAMES HARRIS aus ANN ARBOR, MICHIGAN: am Körper von SETI I. († 1343 v.d.Z.) spürten Röntgenstrahlen am linken Unterarm ein *heiliges Auge* auf; THUTMOSIS III. († 1447 v.d.Z.) trägt am rechten Unterarm ein technisches Gerät, das die Forscher als *goldene Brosche* bezeichnen; die Königin NOTMET trägt auf der Brust vier winzige Statuetten und einen ovalen Stein. – Von all diesen »Beigaben« hatte man bislang nichts sehen können, weil die Mumien mit einer dicken schwarzen und harzigen Paste überzogen sind. Erst Röntgenstrahlen enthüllten diese technischen Accessoires, die sicher demnächst als simple *Schmuckstücke* in der archäologischen Literatur erscheinen werden. Noch haben, wie JAMES HARRIS mitteilte, die Kairoer Behörden nicht entschieden, ob die kostbaren, weil bisher unbekannten Funde von und aus den Mumien entfernt werden dürfen. Es wäre zu wünschen, daß diese Forschung mit allen technischen Mitteln fortgeführt werden könnte. Vielleicht weiß die Wissenschaft eine Lösung für das Rätsel, warum kleine technische Gegenstände in Körperhöhlungen, deren Organe entfernt wurden, installiert worden sind . . . Vielleicht entlarvt man sogar den Fluch der Pharaonen . . .

Als die Pharaonen am NIL ihre PYRAMIDEN bauten, hatte die europäische Geschichte keinesfalls begonnen. Erste europäische »Bauwerke« entstanden aus Megalithen, deren bekannteste in STONEHENGE, ENGLAND, Ziel von Touristen aus aller Welt sind. Professor ALEXANDER THOM, OXFORD, der fast 400 solcher megalithischer Bauten untersuchte, erklärte gegenüber der Zeitung WELT am SONNTAG: »Der Mensch der Jungsteinzeit hatte nahezu unglaubliche Kenntnisse in Astronomie und Geometrie.« THOM fand heraus, daß einige dieser Anlagen hervorragende Mondobservatorien waren und daß Steinzeitmenschen »Ergebnisse vorausberechnen (konnten), wie sie heute von einem Computer fabriziert werden«. So konnten die Jungsteinzeitmenschen (4000 bis 1800 v.d.Z.) den täglichen Aufgangspunkt des Mondes bis auf minimale Abweichungen von den Bogensekunden berechnen! 3000 Jahre später mußte dieses verlorengegangene Wissen wieder entdeckt werden! – Diese Feststellungen decken sich mit den Mitteilungen von Professor Dr. ROLF MÜLLER, der nachwies, daß die Menschen der Steinzeit ihre megalithischen Monumente allesamt nach den Gestirnen ausgerichtet haben.

Wie ist unsere Schulweisheit von den Jungsteinzeitmenschen, die eben lernten, Steine zu durchbohren, um Steinbeile herstellen zu können, die erste Messer aus Feuerstein oder Obsidian schliffen, die eben mit der Ansiedlung von Tieren und dem ersten Anbau weniger Nutzpflanzen begannen, die gerade aus den Höhlen traten, um primitive Behausungen zu bauen, wie ist diese Schulweisheit mit den Errungenschaften einer so weit entwickelten Kultur zu vereinbaren! Hatten die stumpfen Höhlenbewohner gar sehr kluge Lehrmeister? Und wenn sie sie hatten, woher kamen die wohl?

Immer wieder stößt man auf solche Ungereimtheiten! Seit vielen Jahrtausenden kennt man in allen tropischen und subtropischen Gebieten unserer Erde ein köstliches Nahrungsmittel, die Banane. Die indische Sage berichtet vom »wunderbaren Kandali« (= Bananenbusch), den die »Manu«, höchste Geister und Beschützer der

58 Einen »Bienengott« nennen Archäologen dieses seltsame Wesen aus Tulum, Mexiko. Eine seltsame Biene!

Menschheit von einem anderen Stern, der in der Entwicklung weiter fortgeschritten war als die Erde, auf unseren Planeten brachten. Aber einen Bananenbusch oder Bananenbaum gibt es überhaupt nicht! Die Banane ist eine Einjahrespflanze, die sich nicht durch Samen (den sie nicht hat) vermehrt, sondern durch Schößlinge. So gesehen, ist die Banane ein Problem: man findet sie noch auf den einsamsten Inseln der Südsee. Wie ist diese für die Ernährung der Menschheit so wichtige Nutzpflanze »entstanden«? Wie ist sie, da sie keinen Samen hat, rund um die Erde gewandert? Haben sie die »Manu«, von der die indische Sage berichtet, von einem anderen Stern mitgebracht – als all-round-Nahrung?

Auf Schilfinseln im TITICACASEE, BOLIVIEN, leben die UROS, die von sich behaupten, daß ihr Volk älter sei als das der INKAS, ja, daß sie schon vor TO-TI-TU, dem Vater des Himmels, der die weißen Menschen schuf, existiert hätten. Felsenfest behaupten die UROS, sie wären keine Menschen, denn sie hätten schwarzes Blut und sie hätten schon gelebt, als die Erde noch im Dunkel lag: *wir sind nicht wie die anderen Menschen, denn wir kamen von einem anderen Planeten.* Die wenigen UROS, die es noch gibt, vermeiden jeden Kontakt mit der Umwelt. Stolz und hartnäckig verteidigen sie ihr ANDERSSEIN als Erbe, das sie von einem anderen Planeten mitbrachten ...

Dr. ALEXANDER MARSHACK von HARVARD'S PEABODY MUSEUM für Archäologie untersuchte viele tausend Knochen, Elfenbeinstücke und Steine, die samt und sonders die gleichen Muster aufweisen:

59 Auch dieses häßliche Wesen mit seinen beiden Bomben wird als »Bienengott« in der Literatur klassifiziert.

Punkte, Zickzacklinien, Kreise. Bisher hieß es, es handle sich um Verzierungen. MARSHACK: »Es scheint sich vielmehr um eine Schrift zu handeln, die Aufzeichnungen über Mondphasen und Gestirne mitteilt. Die untersuchten Objekte stammen alle aus einer Zeit von 10 000 bis 30 000 Jahren v.d.Z.«

Was soll das wieder? Warum bemühten sich Steinzeitmenschen um astronomische Darstellungen? Es heißt doch, daß sie alle Hände voll zu tun hatten, um sich auf nimmermüder Jagd ausreichende Nahrung zu besorgen. Wer unterwies sie in solchen Arbeiten? Gab ihnen jemand Anweisung zu solchen Beobachtungen, die weit über ihrem »Niveau« lagen? Schufen sie sich Notizen für einen erwarteten Besuch aus dem Kosmos?

Im TEMPEL DER FRESKEN in TULUM, MEXIKO, entdeckten Maya-Archäologen (REDFIELD, LANDA, COGOLLUDO, ROYS) — fast geniere ich mich, es hinzuschreiben — BIENENGÖTTER! Aus der Literatur geht nichts über den Bienenstaat und seine Rangordnung hervor, erwähnt wird lediglich, daß die »Ah-Muzencab« große Bienen waren, die die anderen beherrschten. Das Relief vom BIENENGOTT zeigt aller-dings nicht die geringste Ähnlichkeit mit Bienen! Da liegt mit gespreizt aufgestützten Armen ein Wesen (gewiß keine Biene!) auf dem Bauch, in dessen Hände man am liebsten Steuerknüppel geben würde. Die *beschuhten* Füße scheinen Fußpedale zu bedienen. Um den BIENENGOTT herum wimmelt es von technischen Details, die in keinen Bienenstock passen! — Ist ein einziger Mensch, der keine Scheuklappen trägt, bereit, in diesem Wesen einen Bienengott zu erkennen? Ja, wenn die künstlerisch so hoch begabten Mayas nur gewollt hätten, dann hätten sie den Archäologen einen BIENENGOTT hingezaubert, dessen Summen die klugen Herren noch heute im Ohr hätten (Abb. 58)!

Im CODEX TRO-CORTESIANUS, MADRID, gibt es auch einen BIENEN-GOTT. Wieder liegt da ein häßliches Wesen auf dem Bauch, wieder die Arme gespreizt, auf dem Rücken zwei Bomben von klassischem Format, versehen mit breiten Bändern und einer Zündschnur (Abb. 59). Vom Madrider BIENENGOTT wird man fraglos sagen: Das sind doch keine Bomben, das sind die Flügel der Biene! Wann je sahen Bienenflügel wie Bomben aus? — Um offen zu sein: es ist mir unverständlich, daß die BIENENGÖTTER als technische Monstren durch die Maya-Literatur brummen!

Dr. CARL SAGAN machte vor einigen Jahren den Vorschlag, unseren Nachbarplaneten VENUS für Menschen bewohnbar zu machen, indem man von Raumschiffen aus einige hundert Tonnen BLAUALGEN (Cyano Phyceae) in die heiße Venusatmosphäre abblasen läßt. BLAUALGEN sind so widerstandsfähig, daß ihnen die Hitze nichts anhaben kann. Sie besitzen die Fähigkeit, sich rasend schnell und in ungeheuren Quantitäten zu vermehren und in wirklich unheimlichen Mengen Sauerstoff zu produzieren. SAGAN geht davon aus, daß der Sauerstoff die Venusatmosphäre anreichert und die Planetenoberfläche abkühlt, so daß in raschem Wechsel Gewitter und Regen den Boden fruchtbar machen. Der Astrophysiker SAGAN scheint auf der richtigen Spur zu sein: in 3,5 Milliarden Jahre altem Sedimentgestein in TRANSVAAL, SÜDAFRIKA, wurden die ältesten nachweisbaren Reste von Lebewesen auf der Erde entdeckt. Ihre Entwicklungsstufe entspricht derjenigen der heute lebenden BLAUALGEN! Vor 3,5 Milliarden Jahren gab es auf unserem Planeten aber noch keinerlei organisches Leben. Der Paläontologe H. D. PFLUG, UNIVERSITÄT GIESSEN, nimmt an, daß das Leben älter ist als die Erde!
Wurde, darf man doch wohl fragen, unser blauer Planet am Ende auch durch Abblasen von BLAUALGEN für künftiges Leben und Besiedlung präpariert? Und wer setzte diesen biologischen Umwandlungsprozeß mit derartig gezieltem Wissen in Gang?

In den zurückliegenden fünf Jahren hat ein amerikanisch-iranisches Team in TEPE YAHYA, 250 km südlich von KERMAN, Ausgrabungen durchgeführt. TEPE YAHYA wurde etwa um die Zeitenwende von seinen Bewohnern verlassen. Das Ehepaar C. C. und MARTHA LAM-BERG-KARLOVSKY, beide Anthropologen, fand eine Menge Kunstwerke aus arsenhaltiger Bronze, die nach mindestens 3500 v.d.Z. datiert werden. Das der Bronzezeit — zwischen Jungsteinzeit und Eisenzeit — zugestandene Werkmaterial war Kupfer, Zinn und Blei. Arsen kommt in der Natur im Scherbenkobalt oder mit anderen Elementen verbunden in vielen Mineralien vor. Man kann sich nur schwer vorstellen, wie Primitive Arsen für Bronzelegierungen extrahiert haben. Falls aber für die alten Bronzeschmelzer ein Fortbildungskursus stattgefunden hat, müßte man doch wohl den Meister suchen, der ihn leitete . . .

Bei der Familie SPRINGENSGUTH in SAN SALVADOR, EL SALVADOR, sah ich eine alte Maya-Schale (Abb. 60), auf die eine Maya-Frau mit auf dem Rücken angeschnalltem Flugaggregat eingebrannt ist. Die Gestalt trägt ein sehr breites Band um den Bauch, und daran sind die Aggregate befestigt. — Ein ganz ähnliches Wesen ziert eine Vase im TÜRKISCHEN MUSEUM, ISTANBUL. — Im AMERIKANISCHEN MUSEUM, MADRID, steht eine Vase, die der Nazca-Kultur zugeordnet wird. Im wesentlichen unterscheidet sich die Darstellung auf der 17 cm hohen und 8 cm breiten Vase nur dadurch, daß hier eine MUTTERGÖTTIN abgebildet ist, eine Astronautin, die um den Bauch ein breites Band geschlungen hat; Schultern und Oberschenkel sind von zwei Gurten umschnürt; als selbstverständliches Requisit trägt die GÖTTIN auf dem Rücken ihr Flugaggregat. — Die Erinnerung an

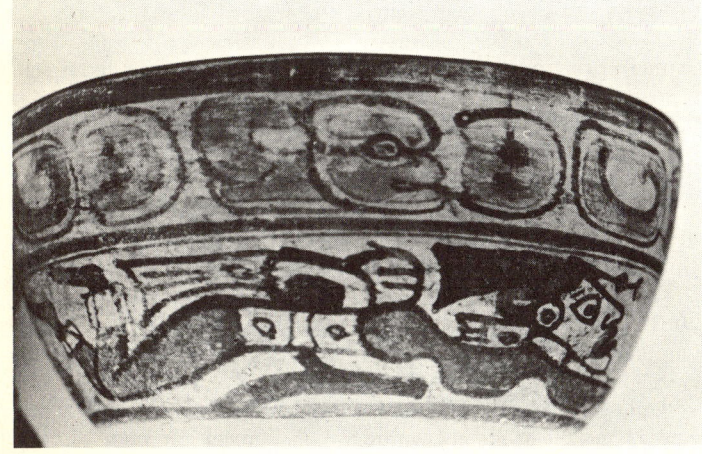

60 Diese Vase aus dem Privatbesitz der Familie Springensguth (San Salvador), zeigt eine Astronautin mit allen Attributen ihres Berufes.

163

Ein-Mann-Fluggeräte, Rocket Belts, scheint so ziemlich rund um den Globus ihre Spuren hinterlassen zu haben . . .

Im Auftrag der US-Weltraumbehörde verfaßte Frau Professor RUTH REYNA einen Bericht, der auf der Deutung indischer SANSKRIT-Texte beruht. Nach Angaben von Frau Dr. REYNA starteten die Inder um 3000 v.d.Z. zu Weltraumflügen, um sich vor einer drohenden Sintflut auf die Venus zu retten. Die SANSKRIT-Texte wurden in der Universität PANDSCHAB ausgelegt . . .

Die TSCHUWASCHEN – ein tatarisch-finnisches Volk in Rußland, das rechts und links der mittleren Wolga lebt – zählen heute noch etwa 1,5 Millionen Bürger. Die Umgangssprache ist ein selbständiger Zweig des Türkischen. Der brasilianische Inka-Sprachforscher LUBOMIR ZAPHYROF hat festgestellt, daß noch heute von den TSCHUWASCHEN rund 120 zusammengesetzte inkaische Wörter gesprochen werden! Sie finden ihre präzise Erklärung durch etwa 170 einfache tschuwaschische Wörter. Vor allem, sagt ZAPHYROF, sind Wörter der inkaischen Mythologie erhalten geblieben. Wenige Beispiele:

WIRACOCHA = guter Geist aus dem Weltraum
KON TISKI ILLA WIRACOCHA = Herrscher von höchster Herkunft, strahlend wie der Blitz, der gute Geist aus dem Weltraum
CHUVASH = Gott aus dem Licht

Kennern der TSCHUWASCHEN-Sprache, die noch dazu INKAISCH verstehen, gebe ich gern die Adresse von Professor LUBOMIR ZAPHYROF, und damit ich sie nicht in Einzelbriefen versenden muß, mag sie hier stehen: Caixa Postal 6603 Sao Paulo Brasilien.

Der UNESCO-Kurier berichtete 1972 über sensationelle Entdeckungen, die der amerikanische Archäologe MANSON VALENTINE und der Unterwasserforscher DIMITRI REBIKOFF unmittelbar unter den Küsten der BAHAMA-Inseln BIMINI und ANDROS machten. Sie stießen auf Unterwassersiedlungen mit Mauern von 70 und 250 m Länge. Die mehr als 6 m unter Wasser liegenden Bauten dehnen sich auf einer Grundfläche von 100 Quadratkilometern aus! Es gibt parallel verlaufende Mauern von über 600 m Länge! Das Gewicht eines einzigen 5 m langen Steines wurde mit 25 Tonnen ermittelt. Wissenschaftler der Universität MIAMI geben den Anlagen ein Alter von 7000 bis 10000 Jahren v.d.Z. – allerdings nach der C-14-Methode gemessen! Nach den bisherigen archäologischen Daten hätten also, als die Unterwasseranlagen entstanden, die PYRAMIDEN VON GIZEH noch nicht konstruiert sein können, hätte das sumerische GILGA-MESCH-Epos noch nicht »gelebt«! REBIKOFF ist überzeugt, daß die BAHAMA-Entdeckungen, wenn sie erst einer gründlichen Forschung unterzogen werden, alle Phantasie, die sie heute beflügeln können, in ihrer Realität weit übertreffen werden. Bis in etwa 80 m Tiefe reichen einige Fundamente!

Ist ATLANTIS im Atlantik lokalisiert worden? Mich würde es nicht überraschen . . .

Auf einer Chemikertagung in LOS ANGELES erklärte Dr. JOHN LYNDE ANDERSON, CHATTANOOGA, TENNESSEE, daß seine Versuche mit dem radioaktiven Kohlenstoff-Isotop C 14 Abweichungen von den in der Lehre genannten Daten ergeben hätten. Er habe die Versuche, um sicher zu gehen, mit verschiedenen Ausrüstungen und an Hunderten von organischen Gegenständen wiederholt, dennoch seien die Resultate am gleichen Objekt unterschiedlich gewesen.
Für Archäologen gilt die C-14-Methode immer noch als das allein-seligmachende Verfahren zur Altersbestimmung. Wie kann man nur so blind und so stur sein?

Nördlich von FAIRBANKS, ALASKA, und im YUKON-Tal wurden in den letzten 15 Jahren beim Goldwaschen von Hochdruckpumpen und Baggern tiefgefrorene Langhaar-Mammute aus der Tiefe des Bodens geholt. Die tiefgefrorenen Mägen enthielten Blätter und Gräser, die die Tiere soeben verspeist hatten. Die Jungen lagen neben den Alten, das Fohlen beim Muttertier. Der Archäologe Professor FRANK C. HIBBEN von der Universität New-Mexico sagt: »Solche Mengen von Tieren kommen einfach nicht auf einen Schlag in natürlicher Weise um!« Tatsächlich müssen, nach durchgeführten Untersuchungen, die Tiere von einer Minute auf die andere verendet und sofort tief-gefroren sein, andernfalls würden sich minimale Spuren von Verwe-sung zeigen. Nahe bei FAIRBANKS fand man außerdem 1766 Kiefer und 4838 Mittelfußknochen einer einzigen Bisonart.
Wer veranstaltete hier eine Großwildjagd? Und welche Ursache könnte für einen Klimawechsel herangezogen werden, der innerhalb weniger Stunden die eben noch weidenden Tiere tiefgefrieren läßt?

Als ich am 8. November 1968 vor dem TAJ MAHAL-Hotel in BOMBAY einen Wagen mietete, um in südlicher Richtung nach KANHERI, nahe der MALABAR-Küste, zu fahren, ließ ich mich von einer Touristen-attraktion animieren: ich wollte die 87 Felsenhöhlen, in Reiseführern auch »Felsentempel« genannt, sehen. Als ich aber in den bis zu 15 m hohen Katakomben umherging, war mir damals schon klar (ehe ich etwas von den Höhlen unter Ecuador und Peru wußte), daß diese in Naturstein, überwiegend Granit, gesprengten Höhlen, die wie komplette Häuser über mehrere Etagen gehen, wohl ganz anderen Zwecken als religiösen Zeremonien gedient haben müssen. Vor an-betungswürdigen Göttern muß man ja nicht tief unter die Erde flie-hen und auf Altären in Höhlen opfern! Nein, solche gewaltigen Anlagen schaffen sich Wesen, die Schutz vor Gewaltigem suchen. Auf anthrazitfarbenen, manchmal glänzenden und irisierenden Wänden stellen plastische Kunstwerke den Lebensweg SCHIWAS (Sanskrit: der Gläubige) dar. SCHIWA, Sinnbild der Zerstörung wie des Heils, bildete mit BRAHMAN – der Kraft, die alle Welten schafft – und mit WISCHNU – schon im WEDA als der »Durchdringer« er-wähnt – die indische Dreieinigkeit, das TRIMURTI. Während ich durch die Riesensäle ging, bewunderte und bestaunte ich die Decken, die von Pfeilern aus ausgespartem Granit getragen werden, mit ihren meisterlichen Reliefs. Wieder einmal mußte ich hören, daß die Datierung der Entstehungszeit dieser unglaublichen Bauwerke um-stritten ist, doch nehmen Forscher verschiedener Disziplinen an, daß sie von den JAINAS (Dschainas), Vertretern einer vor dem Buddhis-mus entstandenen Religion, ein halbes Jahrtausend v.d.Z. geschaf-fen wurden. Die Gründe für diese titanische Bauarbeit kann man wieder einmal nur in Mythen und Legenden finden, und die wissen zu berichten, daß Göttersöhne, die im Krieg mit den KURUS, dem ältesten Volk im westlichen Vorderindien, unterlagen, sich in die Höhlenfestungen zurückzogen. Die JAINAS bedeuten in Sanskrit »die Sieger«. Waren die im Krieg scheinbar Unterlegenen zum Schluß dennoch die Sieger, weil sie klug genug waren, sich rechtzeitig in vorbereitete Höhlen zurückzuziehen? Ich nehme es an, denn die indische Mythologie berichtet sehr eindringlich davon, daß die Höhlen in die Felsen getrieben wurden, damit man sich vor Gewalten schützen konnte, die aus dem All, vom Himmel her, die Lebenden bedrohten.

Der Privatgelehrte Dr. BERNHARD JACOBI verweist in seinem Buch »Als die Götter zahlreich waren« auf die größte indische Höhlen-gruppe mit 150 Höhlen in JUNNAR am DEKHAN-Plateau, auf 27 Höh-len in ADSCHANTA und 33 in ELLORA.

Ich biete eine Spekulation an, für die ich in diesem Buch einige Indizien vorgelegt habe.

1. In unbekannten Zeiten findet in den Tiefen der Galaxis eine Schlacht unter menschenähnlichen Intelligenzen statt.

2. Die Unterlegenen in dieser Schlacht retteten sich in einem Raumschiff.

3. Da ihnen die Denkweise der Sieger bekannt ist, stellen sie insofern eine »Falle«, als sie nicht auf dem für ihre Existenz »idealen« Planeten landen.

4. Die Verlierer wählen den Planeten Erde aus, der im Vergleich zu ihrem Heimatplaneten leidlich akzeptable, doch gewiß keine idealen Konditionen bietet. In der *neuen* Atmosphäre tragen die Verlierer noch viele Jahre lang Gasmasken, um sich dem neuen irdischen Luftgemisch anzupassen (darum Helme, Rüssel, Atemmuscheln etc. auf den Höhlenzeichnungen).

5. Aus Furcht vor ihren mit allen technischen Mitteln ausgerüsteten Verfolgern graben sie sich tief in die Erde ein, sie schaffen die Tunnelsysteme.

6. Zur totalen Täuschung des Gegners errichten sie auf dem fünften Planeten unseres Sonnensystems (also nicht auf der Erde!) technische Anlagen wie auch Sender, die verschlüsselte Meldungen ausstrahlen.

7. Die Sieger gehen dem Bluff auf den Leim: brutal vernichten sie den fünften Planeten. Eine gigantische Explosion zerstört den Planeten, Teile seiner Substanz rasen durch den Planetoidengürtel. (Ein Blick auf die Karte unseres Sonnensystems läßt erkennen, daß zwischen dem *heutigen* vierten und fünften Planeten – Mars und Jupiter – eine »unnatürliche« Lücke von 480 Millionen km klafft. Die Lücke ist aber nicht »leer«, in ihr tummeln sich Hunderttausende von kleinen und kleinsten Gesteinsbrocken, die man insgesamt als »Planetoidengürtel« bezeichnet. Seit Menschengedenken rätseln Astronomen, wieso und weshalb zwischen Mars und Jupiter ein Planet »explodiert« sein kann. Ich wage zu behaupten: Planeten »explodieren« nicht von selbst, »man« brachte sie zur Explosion!)

8. Der Sieger glaubt den Verlierer vernichtet. Er zieht seine Raumschiffe auf den Heimatplaneten zurück.

9. Durch die Vernichtung des fünften Planeten sind die Schwerkraftverhältnisse in unserem Sonnensystem temporär durcheinandergeraten. Die Erdachse verschiebt sich um einig Grade. Ungeheure Überschwemmungen sind die Folge (Flut- und Sintflutsagen gibt es bei allen Völkern rings um die Welt).

10. Die Verlierer kommen aus den erstklassig ausgebauten Katakomben hervor und beginnen Intelligenz auf der Erde neu zu schaffen. Auf Grund molekularbiologischer Kenntnisse »schafft« der Verlierer

167

aus dem (vorhandenen) Affen den Menschen *nach seinem Ebenbilde* (Genetischer Code, Sagen über Erschaffung des Menschen, Versprechen »Gottes« an Abraham und andere, seine Nachkommen würden zahlreich sein wie die Sterne am Himmel etc.).

11. Die ehemaligen Verlierer, nun uneingeschränkte Herrscher und deshalb *Götter*, finden, daß Aufstieg und Entwicklung der menschlichen Rasse zu langsam vor sich gehen. Sie wissen genau, daß die von ihnen geschaffenen Wesen »göttergleich« sind, aber sie wünschen sich einen zügigeren Fortschritt (MOSES I, 11,6: »Dies ist erst der Anfang ihres Tuns. Nunmehr wird ihnen nichts unmöglich sein, was immer sie sich vornehmen«). Die Götter werden oft jähzornig in ihrer Ungeduld, sie strafen leicht und vernichten − exemplarisch und zum Ansporn für die Überlebenden − Querulanten und alle, die sich nicht nach den gegebenen biologischen Gesetzen richten. »Moralische« Bedenken gegenüber solchen radikalen Säuberungsaktionen haben die Götter nicht, denn sie fühlen sich als Erschaffer des Menschen verantwortlich für seine künftige Entwicklung.

12. Aber die Menschen haben Furcht vor den Göttern und ihren Strafexpeditionen, um so mehr, als die Götter ja nicht mehr die der ersten Generation sind: es sind deren Söhne und Töchter, an die sich die Menschen schon assimiliert glaubten (Beleg: Mythologie der Götterfamilien).

13. Nunmehr beginnen ganze Menschengruppen sich aus großer Angst vor göttlichen Strafgerichten einzubuddeln. Vielleicht verfügten diese Menschengruppen noch über Werkzeuge, die sie nach Anleitung der Götter herstellten − Werkzeuge, mit denen man möglicherweise Gestein leichter bearbeiten konnte, als es sich heute Archäologen vorstellen können.

14. Tatsächlich werden heute auf unserem Globus alljährlich mehr und mehr riesige unterirdische Behausungen entdeckt, die aber *nicht* identisch sind mit den Tunnelsystemen in Ecuador oder Peru. Die ständig neu entdeckten unterirdischen Menschenstädte sind eindeutig das Werk vieler Hände − sie sind *nicht* mit vollendeten technischen Hilfsgeräten wie etwa dem Hitzebohrer geschaffen worden. Solche Schutzstollen, die sich Menschen aus Angst vor »Vernichtung aus dem All« schufen, sind beispielsweise zu finden in:

SAN AUGUSTIN, COLUMBIEN: Unterirdische Heiligtümer mit Verbindungsgängen.

CHOLULA, MEXICO: Unterirdische Tempel mit Verbindungsgängen. (Nicht zu verwechseln mit den kilometerlangen Gängen, welche Archäologen anlegten.)

61 In Derinkuyu Anatolien (Türkei), gibt es unterirdische, mehrgeschossige Städte mit Räumen, die bis zu 60 000 Menschen fassen.

DERINKUYU, ANATOLIEN, Türkei: Unterirdische Städte mit mehrgeschossigen »Häusern« und großen Versammlungsräumen (Abb. 61).
15. Wenn sich Menschen, unsere Vorfahren nämlich, mit unendlicher Mühe und der Kraft ihrer Hände Schutzanlagen unter der Erde schufen, taten sie das weder zum Vernügen noch zum Schutz vor wilden Tieren noch zum Ruhme ihrer religiösen Ideale. Sie taten es auch nicht aus Furcht vor irgendwelchen fremden Eroberern: solche Aushebungen mit einfachen Werkzeugen und roher menschlicher Kraft dauern Jahre. Fremde Eroberer hätten es auch leicht gehabt, diese törichten Selbstverteidiger zur Aufgabe zu zwingen: sie hätten sich nur vor die Höhleneingänge zu setzen brauchen. Sie hätten die Eingeschlossenen ausgehungert.
16. Es gibt nur einen Grund für die unterirdischen Anlagen von

Menschenhand, meine ich, nämlich: die Angst vor Angriffen aus der Luft! Wer aber konnte die Menschlein aus der Luft angreifen? Nur die, von denen sie aus der Überlieferung wußten, jene Götter, die vor Urzeiten schon einmal zu Besuch gewesen waren.

Nun biete ich wegen dieser kühnen Spekulation mein Haupt jeder Kritik dar. Ich habe mich daran gewöhnt.

Ärger können Kritik und Hohn nicht auf mich niederprasseln, als das nach meinem Zitat von HESEKIEL-Texten in ERINNERUNGEN AN DIE ZUKUNFT geschehen ist. Ich muß rekapitulieren!

Bei HESEKIEL steht:

»Es begab sich im dreißigsten Jahre, am fünften Tage des vierten Monats, als ich am Flusse Chebar unter den Verbannten war, da tat sich der Himmel auf ... Ich aber sah, wie ein Sturmwind daherkam von Norden und eine große Wolke, umgeben von strahlendem Glanz und einem unaufhörlichen Feuer, aus dessen Mitte es blinkte wie Glanzerz. Und mitten darin erschienen Gestalten wie von vier lebenden Wesen; die waren anzusehen wie Menschengestalten. Und ein jedes hatte vier Gesichter und ein jedes vier Flügel. Ihre Beine waren gerade, und ihre Fußsohle war wie die Fußsohle eines Kalbes, und sie funkelten wie blankes Erz ... Weiter sah ich neben jedem der vier lebenden Wesen ein Rad auf dem Boden. Das Aussehen der Räder war wie der Schimmer eines Chrysoliths, und die vier Räder waren alle von gleicher Gestalt, und sie waren so gearbeitet, als wäre je ein Rad mitten in dem anderen. Sie konnten nach allen vier Seiten gehen, ohne sich im Gehen zu wenden. Und ich sah, daß sie Felgen hatten, und ihre Felgen waren voll Augen ringsum an allen vier Rädern. Wenn die lebenden Wesen gingen, so gingen auch die Räder neben ihnen, und wenn sich die lebenden Wesen vom Boden erhoben, so erhoben sich auch die Räder ... ›Menschensohn, stelle dich auf deine Füße, ich will mit dir reden‹ ... Und ich hörte hinter mir ein gewaltiges Getöse, als sich die Herrlichkeit des Herrn von ihrer Stelle erhob, das Rauschen der Flügel der lebenden Wesen, die einander berührten, und das Rasseln der Räder zugleich, mit ihnen war ein gewaltiges Getöse.«

Aus diesem HESEKIEL-Text, den ich auszugsweise niedergab, resümierte ich einige Fragen, formuliert aus dem Wissen um unsere heutige Raumfahrttechnik. Es lag so nahe, es bot sich so unmißdeutbar an. Was habe ich an Kritik und Spott meiner modernen Exegese wegen über mich ergehen lassen müssen!

Am 28. März 1972 hatte ich in HUNTSVILLE, USA, ein Gespräch mit JOSEPH F. BLUMRICH. Der Ingenieur BLUMRICH, gebürtiger Österreicher, arbeitet seit 14 Jahren bei der NASA, ist Chef der Abteilung »Konstruktionsprojektion«, in der künftige Weltraumstationen auf dem Reißbrett entworfen und bis ins Detail berechnet werden. BLUMRICH war beispielsweise an der Konstruktion der letzten Stufe der SATURN V beteiligt und plant die künftigen Orbitalstationen, in denen mehrere Astronauten wochenlang im All bleiben werden. – Im Juli 1972 wurde BLUMRICH mit der »*Exceptional Service Medal*« der NASA für seine Arbeiten an SATURN und APOLLO ausgezeichnet – eine Auszeichnung, die nur ganz wenige NASA-Leute bekamen.

»Sie haben sich in Ihrer Freizeit mit den *Visionen* des Propheten HESEKIEL beschäftigt. Vorweg: wie kommt ein Mann in Ihrer Position dazu?«

»Um es ganz ungeschminkt zu sagen: aus Protest! Ich las Ihr Buch ERINNERUNGEN AN DIE ZUKUNFT mit der überlegenen Einstellung eines Menschen, der von vornherein weiß, daß das alles nicht stimmt. Aus der Fülle des von Ihnen angeführten Materials fand ich mit der Beschreibung der technischen Merkmale von Hesekiels Visionen ein Gebiet, auf dem ich sozusagen mitreden konnte, da ich den weitaus größten Teil meines Lebens mit der Konstruktion und Berechnung von Flugzeugen und Raketen zugebracht habe. Ich nahm also eine Bibel, um den vollen Text zu lesen, und war sicher, Sie in wenigen Minuten glatt widerlegt und erledigt zu haben. Sie konnten, Sie durften ja einfach nicht recht haben! – Bei sorgfältigem Lesen wurde meine Sicherheit bald unterminiert, und aus wenigen Minuten ist inzwischen eine lange Zeit intensiver ›Freizeitgestaltung‹ geworden, in der ich im Detail ausarbeitete und belegte, was ich in den ersten Stunden gefunden hatte.«

»Haben Sie in Ihre Überlegungen die Person des Propheten HESEKIEL miteinbezogen?«

»Selbstverständlich. In dreifacher Hinsicht: in bezug auf seine Persönlichkeit im allgemeinen, seine Qualität als Berichterstatter und schließlich seine Teilnehmerschaft an den beschriebenen Ereignissen. Seine Persönlichkeit hat Einfluß auf die breite Allgemeinverwertung seines Berichtes. Als Reporter verfügt er über eine überragende Beobachtungsgabe. Als Teilnehmer verhilft er uns zur Beantwortung der Frage: war er der Mittelpunkt des Geschehens? Da er es nicht war, stellt sich die weitere Frage: warum nicht?«

»Bisher werden die im Alten Testament geschilderten Begegnungen Gott/Mensch, die stets Nebenerscheinungen wie Rauch, Lärm, Feuer, Blitz und Erdbeben mit sich brachten, als ›Ideogramme‹ bezeichnet. Halten Sie es nach Ihrem HESEKIEL-Studium für möglich, daß tatsächlich zwischen ihm und einer fremden Intelligenz eine Begegnung stattgefunden haben kann? Und wenn ja, aufgrund welcher wesentlichen Indizien?«

»Die Antwort auf Ihre erste Frage ist eindeutig: Ja! Ich bin aber mit dem Wort ›Indizien‹ nicht einverstanden: man kann das allgemeine Aussehen der von HESEKIEL beschriebenen Raumschiffe aus seinem Bericht herausschälen. Man kann dann, und zwar als Ingenieur, völlig unabhängig vom Bericht, ein Fluggerät solcher Charakteristik nachrechnen und rekonstruieren. Wenn man dann feststellt, daß das Resultat nicht nur technisch möglich ist, sondern sogar in jeder Hinsicht sehr sinnvoll und wohldurchdacht, und ferner im HESEKIEL-Bericht Details und Vorgänge beschrieben findet, die sich mit dem technischen Ergebnis ohne Widerspruch decken ... dann kann man nicht mehr nur von Indizien sprechen!«

»Ich weiß, daß Sie über Ihre Überlegungen und Berechnungen der Angaben des Propheten HESEKIEL ein Manuskript geschrieben haben.* Lassen sich nach Ihren Berechnungen auch Angaben über Größenverhältnisse und ein technisches Know-how machen?«

»Zu meiner eigenen Überraschung war das ziemlich genau möglich! Eine solche Untersuchung wird ja im rechnerischen Teil – eben wegen der anfänglichen Unsicherheit – parametrisch durchgeführt, das heißt, eine Reihe von Einflußgrößen wird stufenweise variiert. Dazu ist selbstverständlich ein Extrapolieren über den heutigen Stand der Technik hinaus notwendig, der zum Teil auf theoretisch bekannten Möglichkeiten und zum Teil auf Schätzwerten beruht. Ich habe gefunden, daß HESEKIELS *Raumschiff sehr glaubhafte Dimensionen hat und einem Stand der Technik angehört, den die heutige Menschheit erst in wenigen Jahrzehnten erreichen wird!*«

»Ich möchte die Ergebnisse Ihrer Untersuchungen nicht vorwegnehmen, aber ich bin natürlich neugierig, ob am Ende noch Fragen offenbleiben. Können Sie mir wenigstens zwei nennen?«

»Gern. Die eine Frage betrifft zwei einigermaßen gleichwertige Möglichkeiten: enthält der Bericht eine Mischung von ›echten‹ Visionen *und* tatsächlichen Begebenheiten oder bringt er *nur* reale Beobachtungen? Die andere Frage ist die nach der tatsächlichen Lage der Tempel, zu denen HESEKIEL geflogen wird. Keine der beiden angedeuteten Möglichkeiten kann wirklich mit Jerusalem in Verbindung gebracht werden. Die Bestimmung der tatsächlichen Lage wäre natürlich bedeutend.«

»Wissen Sie, lieber Herr BLUMRICH, daß Sie mit Ihren logischen Be-

* Blumrichs Buch, *Da tat sich der Himmel auf*, erschien 1973 im Econ Verlag.

rechnungen und Überlegungen die Alttestamentler – und nicht nur
die! – schockieren werden?«

»Sicherlich ist ein Schock unvermeidbar! Ich hoffe jedoch, die Dauer
dieses Schocks dadurch auf ein Minimum reduzieren zu können, daß
in meinem Buch alle technischen Angaben enthalten sein werden,
die ich für die Berechnungen und die Rekonstruktion benutzt habe.
Ich liefere den vollen Umfang der Ergebnisse. Wer zweifelt, kann
meine Arbeit also selbst prüfen oder prüfen lassen. Das Nachrechnen
macht keine lange Arbeit, und damit sollte dann der größte Schock
eigentlich schon überwunden sein: es bleibt einfach kein anderer
Ausweg übrig! Natürlich wird dann eine längere Zeit des Adaptierens
auf mehreren Gebieten folgen müssen.«

Hier ist einmal mein Wunschtraum in Erfüllung gegangen! Ein über-
ragender Techniker hat meine Spekulationen mit ihren Belegen beim
Wort genommen. Ich *will*, daß meine Denkanstöße zum Protest rei-
zen – wie im Falle BLUMRICH. Aber ich möchte *auch*, daß die manchmal so hochnäsigen Gelehrten ihre trüben Brillen ablegen und neue
mit scharfen Gläsern aufsetzen, um – wie BLUMRICH – zu prüfen, ob
der phantasievolle Däniken nicht Wege (und fraglos auch Irrtümer)
anbietet, an deren Ziel mehr *echte* Wahrheit zu finden ist als auf den
alten Trampelpfaden, die doch nur im Kreise führen.

Errare humanum est!

...läßt SOPHOKLES (497–405 v.d.Z.) seine Antigone sagen. Ist es
denn so schwer, ist es denn eine Schande, Positionen aufzugeben,
die sich – spätestens morgen! – nicht mehr halten lassen?

Wer oder was hat das Universum erschaffen?

Wer oder was hat die Sterne im All installiert?

Wer oder was bedient die »Schalthebel« im Weltenraum und macht sich einen Spaß daraus, Sterne zusammenprallen, Sonnen explodieren und ganze Galaxien ineinanderrasen zu lassen?

Wer oder was hat erstem Leben den »Odem eingehaucht«?

Wer oder was wollte, daß intelligentes Leben entsteht, daß wir so wurden, wie wir sind?

Wenn alles, was ist, von dem einen und einzigen Gott geschaffen wurde, dann mußte dieser Gott gerecht, allmächtig und gut sein, denn alles ist Schöpfung nach seinem Willen.

Warum läßt dieser Gott Kriege entstehen, Blut und Tränen fließen?

Warum läßt dieser gerechte Gott Mord an unschuldigen Kindern geschehen?

Wenn dieser weise Gott will, daß ihm alle Menschen »dienen«, wie die Religionen sagen, warum läßt er dann auf einem einzigen Planeten 20 000 Religionen und Sekten zu, die sich in seinem Namen in blutigen Auseinandersetzungen bekriegen?

Wie kann im Namen dieses Gottes, der, wie die Religionen sagen, einst Mensch war und darum Menschen in ihrem Glück und in ihrer Not verstehen muß, Kriegsgerät verfeindeter Parteien für den Sieg gesegnet werden? Dürfte der wissende Gott den Segen nicht nur der einen Partei angedeihen lassen, die tatsächlich in seinem Namen, Auftrag und Willen kämpft?

Warum dürfen Schurken und Schufte, Halsabschneider und falsche Richter des gleichen Glückes teilhaftig sein wie die guten Kreaturen unter Gottes Sonne?

Wie kann ein weiser und gütiger Gott es zulassen, daß die Reichen reicher, die Armen ärmer werden, da doch alle seine Kinder sind?

Welchen Sinn hat dieser eine Gott intelligentem Leben überhaupt zugedacht?

Der Molekularbiologe JACQUES MONOD, Direktor des Pasteur-Instituts, Paris, und Nobelpreisträger von 1965, erregte und verstörte die gläubige Welt mit seinem Buch »Zufall und Notwendigkeit«, und selbst die atheistische Linke war über Monod's Thesen empört, weil sie in ihnen eine philosophische Überhöhung biologischer Fakten zu einer Ersatzreligion vermutete.

MONOD benennt in seinem Werk die drei Stufen, die alles Leben möglich machten:

1. Die Bildung der hauptsächlichen chemischen Bestandteile von Lebewesen auf der Erde: der Nukleotide und Aminosäuren. (Nukleotide sind Verbindungen von Phosphorsäure, Nukleinbasen und Kohlenhydrat, die besonders in den Zellkernen vorkommen. – Aminosäuren sind organische Säuren, die als Bausteine der Eiweiße Bedeutung haben.)

2. Auf der Basis dieser Stoffe die Bildung der ersten replikationsfähigen Makromoleküle (Makromoleküle bestehen aus 1000 und mehr Atomen).

3. Um diese unbegrenzt wiederholbaren Strukturen baut sich der teleonomische Apparat auf, ein System, das sich in sich selbst zusammenhält: Es führt zur Urzelle.

MONOD kennt die jüngsten Forschungen der Molekularbiologie und Genetik: vor Milliarden Jahren traten in der Erdatmosphäre und Erdkruste bestimmte einfache Kohlenstoffverbindungen (wie Methan) auf, später bildeten sich Wasser und Ammoniak; aus diesen einfachen Verbindungen entstanden zahlreiche Substanzen, darunter Nukleotide und Aminosäuren, die schließlich in der präbiotischen Ursuppe den ersten Organismus, die erste Zelle und damit das erste Leben bildeten. Das war also zu einer Zeit, als chemische und physikalische Abläufe noch nicht an die Gegenwart von Lebewesen gebunden waren. (Zurück zu den Sternen, Seiten 41 ff.) Der »kleine Rest« bis zur Entwicklung des Homo sapiens tut sich in der Evolutionstheorie angeblich in einer friedlichen Entwicklung ohne revolutionären Eingriff.

Kern der Monodschen Thesen ist, daß sich das entscheidende Ereignis des Entstehens von Leben *nur ein einziges Mal* abspielte.

MONOD: »Der Mensch weiß endlich, daß er allein ist in der gleichgültigen Unermeßlichkeit des Universums, aus dem er durch Zufall aufgetaucht ist. Über sein Schicksal und seine Pflicht wurde nirgends entschieden.«

Leben als Lotterietreffer der Natur?! Mögen die Gedanken des atheistischen Professors wissenschaftlich hervorragend fundiert sein, bleibt letztlich doch die entscheidende Frage unbeantwortet: Welche Urkraft stellte die chemischen Substanzen für die Entstehung von Leben bereit? Woher also kamen die Zutaten für die Ursuppe, in der erstes Leben wie Fettaugen auf der Bouillon herumschwamm?

Natürlich aus der Atmosphäre, antwortet die Wissenschaft. Aber die Antwort reicht mir nicht. Als neugieriges Kind frage ich: woher kam denn die Atmosphäre? – Aus der Hülle der sich abkühlenden Erde, mein Sohn. – Aha, und woher kam die Erde? – Die ist ein Teil der Sonne, mein Sohn. – Und die Sonne? Die ist ein Teil der Milchstraße, mein Sohn. – Woher, bitte, kommt die Milchstraße? Die ist ein Teil all der anderen Milchstraßen im Weltall, mein Sohn. – Und die Milchstraßen, woher kommen die? Darüber gibt es nur Theorien, mein Sohn.

Professor GEORGES LEMAÎTRE, Physiker und Mathematiker in Brüssel, führte eine phänomenale Idee von der Entstehung aller Welten in die mannigfachen Diskussionen ein. Vor Jahrmilliarden war alle Materie des Universums in einem Uratom verdichtet, eine schwere Materienmasse, deren Kohäsion sich zum Kern permanent zusammenpreßte; die ungeheuren Kräfte addierten und multiplizierten sich derart, daß der Materieklumpen explodierte; in viele, viele Milliarden Teile aufgesplittert, sammelten sich die Materiestücke in einer unendlich langen Konsolidierungszeit in unendlich vielen Galaxien.

Der russische Physiker GEORGE GAMOW (1904), der über Paris und London an die Universität in Michigan kam, ist in der wissenschaftlichen Welt für seine griffigen Formulierungen bekannt; für die von der wissenschaftlichen Meinung derzeit als wahrscheinlichste Theorie von der Entstehung der Welten und damit allen Lebens akzeptierte Idee vom Ur-Knall führte Gamow den plausiblen Begriff von der Big-Bang-Explosion ins Schrifttum ein. Daß diese Art der Schöpfung mit einem großen Knall vonstatten ging, ist absolut glaubhaft. Big Bang!

Die Big-Bang-Theorie hat gegenüber allen anderen Theorien den Vorzug, daß sie sich mit dem sogenannten Dopplereffekt »beweisen« läßt. Der österreichische Physik-Professor CHRISTIAN DOPPLER (1803–1853) entdeckte 1842 den bei allen Wellenvorgängen – Licht oder Schall – nach ihm benannten Effekt: »Der Dopplereffekt besteht in einer Änderung der Tonhöhe, wenn sich die Tonquelle oder der Beobachter bewegen. Vergrößert sich ihre gegenseitige Entfernung, wird der Ton tiefer, verringert sie sich, wird er höher. Diese Erscheinung ist zum Beispiel bei der Annäherung oder Entfernung einer pfeifenden Lokomotive zu beobachten. Bei Lichtstrahlen zeigt sich bei einer Bewegung der Lichtquelle gegen den Beobachter eine Verschiebung des Spektrums nach Blau zu, bei einer Bewegung vom Beobachter weg eine Verschiebung nach Rot zu.« Mit dem Dopplereffekt läßt sich die Geschwindigkeit der Bewegung aller Sterne messen, weil nachgewiesen wurde, daß Sterne aller Galaxien gleiche chemische Konsistenzen und vielfach gleiche physikalische Bedingungen wie die Sterne unserer Milchstraße haben.

Auf der Basis dieses gesicherten Wissens entdeckte 1929 der Astrophysiker EDWIN POWELL HUBBLE (1889–1953) bei seinen Arbeiten über kosmische Nebel und Sternensysteme am Mount-Wilson-Observatorium, daß mit zunehmender Entfernung von uns die Rotverschiebung der Galaxien zunimmt. Professor HANNES ALFVÉN, Professor für Plasmaphysik an der Königlichen Technischen Hochschule in Stockholm: »Die Galaxien bewegen sich mit Geschwindigkeiten von uns weg, die proportional sind zu ihren Entfernungen von uns.« – Die Frequenz des Lichtes wird um ein Prozent kleiner, wenn sich die Lichtquelle mit einer Geschwindigkeit von einem Prozent der Lichtgeschwindigkeit (= fast 300 000 km/sec) von uns fortbewegt. Man mag sich einen bunten Kinderluftballon vorstellen, der noch nicht aufgeblasen ist. Tupft man in das faltige Gummietwas rote Punkte und bläst dann den Ballon auf, so entfernt sich jeder rote Tupfer vom nächsten und zwar in proportionaler Geschwindigkeit, weil ja jeder Punkt um so schneller und weiter vom anderen wegrückt, je dicker der Ballon wird. Es ist klar, daß sich aus den Geschwindigkeitsdaten, die die Entfernung der Punkte voneinander ergeben sowie aus den Richtungen, in die sie sich bewegen, zurückrechnen läßt, wann alle Punkte in einem Zentrum zusammengelegen haben.

Nach dieser Methode der Rotverschiebung hat man das Alter des Universums errechnet und billigte ihm runde sechs bis zehn Milliarden Erdenjahre zu. Als man sich eben auf diese Rechnung geeinigt hatte, meldete sich GEORGES ABELL, Leiter der Astronomischen Abteilung der Universität von Kalifornien, im November 1971 und sagte: »Irrtum, verehrte Herren! Nach 13jähriger Beobachtung von acht weit voneinander entfernten Galaxien kann ich beweisen, daß das Universum doppelt so alt ist wie bisher angenommen!«

Big Bang!!

Das Universum ist keine Dame, die man mit einer zu hohen Altersschätzung beleidigen könnte. Mir ist es ziemlich egal, ob sechs, zehn oder zwanzig Milliarden Jahre seit dem Ur-Knall vergangen sind. Das *Alter* sagt nichts über die *Entstehung ersten Lebens* aus! Wann immer das Feuerwerk stattgefunden haben mag – *vorher* muß etwas dagewesen sein. Die Explosion des Uratoms mag die Entstehung der Galaxien mit Abermilliarden Sternen erklären. Naturwissenschaftler aller Sparten, ja, auch Philosophen mögen immer tiefer in die Geheimnisse des Atoms als dem Anfang aller Dinge eindringen. Atheisten mögen immer vehementer die Existenz einer

Kraft, die wir behelfsweise »Gott« nennen, negieren. Am Anfang stand eine Schöpfung.

Wenn die Materie aller Sterne aus dem Uratom stammt, ist es nur logisch, daß die Sterne in allen Galaxien aus dem gleichen Stoff gemacht sind, also aus den gleichen Elementen bestehen. Entweder läßt sich mit der Rotverschiebung die Big-Bang-Theorie beweisen, dann war alle Materie ursprünglich in einem Klumpen geballt, oder es gab den Ur-Knall nicht, dann läßt sich auch aus der Rotverschiebung samt dem Dopplereffekt nichts herleiten.

Tatsächlich wurden gerade im Laufe der beiden letzten Jahre mehr und mehr Aminosäuren und Komplexe molekularer Verbindungen in der exterristischen Materie nachgewiesen. Die Geologen GOESTA VOLLIN und DAVID B. ERICSON von der Columbia-Universität, New York, veröffentlichten am 29. Oktober 1971 in NATURE, daß es bei Laborversuchen gelungen ist, durch Bestrahlung eines Gemischs aus vier Stoffen, wie sie nachweislich im Weltall vorkommen, Aminosäuren als Reaktionsprodukte herzustellen. – Fast gleichzeitig gaben Forscher des Radioastronomischen Observatoriums GREEN BANK, West-Virginia, bekannt, daß in der Gaswolke B2 im Sternbild des Schützen eine Substanz festgestellt wurde, die alle Vorbedingungen für die Entstehung von Leben enthält. Es handelt sich um Cyano-Azethylen, die komplexeste chemische Verbindung, die bisher im interstellaren Raum nachgewiesen werden konnte. – Moleküle von Wasserstoff, Kohlenstoffmonoxyd, Ammoniak, Wasser, Wasserstoffzyanid, Formaldehyd, Ameisensäure, Methylalkohol und eine Reihe von Kohlenwasserstoffen wurden im Weltall wie Aminosäuren in Meteoriten und Mondgestein nachgewiesen. NASA-Wissenschaftler meldeten im Oktober 1971, daß sie in den Murchinson-und-Murray-Meteoriten (nach den Fundorten in Südaustralien benannt) 17(!) Aminosäuren – darunter solche, die sich als Proteinbausteine in allen irdischen Organismen befinden – nachweisen konnten. Die Universität von Miami entdeckte in Mondgestein, das die Apollo-XI-Besatzung von ihrem Ausflug mitbrachte, zwei freie proteinbildende Aminosäuren, Glyzin und Alanin.

Eigentlich müßte der Mensch, der so ungern allein ist, sehr glücklich über alle wissenschaftlichen Beweise sein, die ihm die Gewißheit geben, daß er auch im Kosmos nicht allein ist, daß im Gegenteil dort vermutlich sehr viele kluge Spielgefährten darauf warten, daß er die hinterlassenen Spuren ihres einstmaligen Besuches aufnimmt. Denn dies ist nach dem gegenwärtigen Erkenntnisstand anzunehmen: – Alle Materie des Universums war am Ursprung in einem Uratom vereinigt.

— Chemische Voraussetzungen für Leben sind auf anderen Sternen unserer Galaxis vorhanden.

Wo aber ist in diesem von der Wissenschaft errichteten großartigen Denkmodell noch Platz für den »lieben Gott«?

Die Personifizierung der Kraft, die *vor* dem Ur-Knall vorhanden gewesen sein *muß*, in dem Namen GOTT und die aus diesem Begriff durch die Katecheten unter die Gläubigen gebrachten Vorstellungen von dem gütigen alten Herrn verstellen den Blick.

Die urgewaltige Kraft, die vor dem Beginn allen Werdens bestand, war ein Neutrum. ES war vor dem Big Bang existent. ES löste die große Zerstörung aus. ES ließ daraus alle Welten des Universums entstehen. ES, körperlose Urkraft, bestimmender Urbefehl, wurde Materie und: ES kannte das Resultat der großen Explosion. ES wollte zur erlebten Erfahrung gelangen.

In zahlreichen Diskussionen habe ich diese meine Vorstellung an einem sehr vereinfachten Denkmodell zu erläutern versucht. Terrible simplificateur!

Man denke sich, schlug ich vor, einen Computer, der mit 100 Milliarden Denkeinheiten (= Bits in der Fachsprache) arbeitet. Dieser hätte, wie es Professor MICHIE von der Universität Edinburgh, der den Prototyp des ersten *denkenden* Computers entwickelte, formulierte, ein »persönliches Bewußtsein«. Das persönliche Bewußtsein des Computers ist fest an die komplizierte Maschinerie mit ihren Milliarden Schaltstellen fixiert. Würde dieser Computer sich selbst in die Luft sprengen, wäre sein »persönliches Bewußtsein« zerstört — sofern der intelligente Computer nicht vor der Explosion alle Milliarden Bits magnetisiert hätte. Die Explosion findet statt. 100 Milliarden Bits schießen, je nach Größe mit unterschiedlichen Geschwindigkeiten in alle Richtungen. Das anfänglich zentrierte Computer-Bewußtsein existiert nicht mehr, aber der clevere Selbstzerstörer hatte die Zukunft *nach* der Explosion programmiert: alle magnetischen Bits mit ihren Einzelinformationen werden irgendwann wieder am Zentrum der Explosion eintreffen. Jedes Bit bringt, zurückgekehrt, in das ursprüngliche »persönliche Bewußtsein« der großen Maschinerie einen neuen Faktor mit — die persönliche *Erfahrung*. — Vom Moment der Explosion bis zum Augenblick der Rückkehr »wußte« kein Bit, daß es winziges Teilchen eines größeren Bewußtseins war und nun auch wieder sein wird. Hätte sich ein einzelnes Bit mit seinem minimen Denkvermögen die Frage stellen können »Was ist Sinn und Zweck meiner rasenden Fahrt?« oder »Wer hat mich erschaffen, woher komme ich?« hätte es keine Antwort gehabt. Trotzdem war es Anfang und Ende eines Aktes, einer Art von »Schöpfung« des Bewußtseins, vermehrt um den Faktor: Erfahrung.

Vielleicht kann dieser versimplifizierte Vergleich eine Hilfe sein, das Phänomen ES aufzuspüren: Wir alle sind Bestandteile dieser Urkraft ES. Erst ganz am Ende, an TEILHARD DE CHARDIN's (1881 bis 1955) »Punkt Omega«, werden wir wieder wissen, daß wir in uns selbst Ursache und Ergebnis der Schöpfung vereinen.

Daß ES, Synonym für den Begriff GOTT, *vor* dem Ur-Knall existiert haben *muß*, scheint mir ein unwiderlegbarer Gedanke zu sein. Der Evangelist JOHANNES, der in seinen Offenbarungen beweist, daß er Zugang zu alten geheimen Texten hatte, beschrieb die Entstehung allen Seins:

> »Am Anfang war das Wort und das Wort war bei Gott, und Gott war das Wort. Dies war im Anfang bei Gott. Alle Dinge sind durch dasselbe geworden und ohne das Wort ist nichts geworden, das geworden ist.«

Das alles wäre logisch, wenn der Begriff GOTT nicht in zwei Jahrtausenden mit Vorstellungen befrachtet worden wäre, die es erlauben, Kindern und Wilden eine erzählbare Geschichte von der Schöpfung zu vermitteln, die aber verhindern, dem Geheimnis der Schöpfung auf den Grund zu kommen. Hat aber das Phänomen ES (Gott) beschlossen, sich in Materie umzuwandeln, dann ist ES die Schöpfung und selbst ein Produkt seiner Schöpfung. Wie sagt Professor D. L. PIEPER von der Stanford Universität? »Panische Angst vor einem Fehler ist der Tod für jeden Fortschritt. Wahrheitsliebe ist sein Schutzbrief!«

Wie die Computer-Bits finden auch wir uns in einer Einheit wieder. Wir sind Teile, winzige Teile des ES, die zur unendlichen kosmologischen Gemeinschaft zurückfinden werden. Alle Besinnungen, alle Philosophien quälen sich um Antworten auf die Fragen »Warum?« und »Woher?« — »Wissen«, schreibt der Theologe Professor PUCCETTI, »muß nicht unbedingt auf *wissenschaftlichem* Wege gewonnen werden, und tatsächlich ist keine sogenannte religiöse Wahrheit von Bedeutung je auf diese Weise erworben worden.«

An der Schwelle zum dritten Jahrtausend unserer Zeitrechnung ist die Welt in fünf große rivalisierende Religionen und Tausende fanatischer Sekten zersplittert.

Technik wird es mit größter Sicherheit möglich machen, mit fremden Intelligenzen im Kosmos Verbindung aufzunehmen.

Wie stellen wir uns ihnen vor?

Als Katholiken? Als Protestanten? Als Alt-Lutheraner? Als Hussiten? Als Mormonen? Als Mohammedaner? Als Buddhisten? Als Hindus? Als Griechisch-Orthodoxe?

Wollen wir uns von einer fremden Intelligenz als geistig minderbemittelt ansehen lassen, weil wir am Samstag keinen Lichtschalter bedienen? (Orthodoxe Juden) Weil wir kein Schweinefleisch essen? (Mohammedaner und Juden) Weil wir magere Kühe und fette Ratten für heilig halten? (Hindus und verwandte Religionen) Oder: weil wir unseren allmächtigen Gott auf grauenhafte Weise ans Kreuz nagelten?

Ich vermute, daß mit dem Schritt ins interstellare dritte Jahrtausend zwangsläufig das Ende der irdischen Vielgötterei kommen wird.

Mit der Ausnahme, daß wir alle Teile des gewaltigen ES sind, muß der eine Gott nicht mehr in unbegreiflicher Weise zugleich gut und böse sein, ist er nicht mehr für Leid und Freud, für Prüfungen und Fügungen verantwortlich. Wir selbst tragen die positiven und negativen Kräfte in uns, weil wir alle aus dem ES, das immer war, stammen.

Ich kann dieser Frage nach dem ES — oder hochgestochen: der Frage nach Gott — nicht ausweichen, will es auch nicht, weil es meine Überzeugungung ist, daß Religionen mit ihren unzähligen Göttern den Fortschritt hemmen. Wie oft waren Religionen und Sekten, jede von ihnen einem Gott verschworen, Anlaß für Kriege, Leid und Greuel! Und sie werden ohne bessere Einsicht Mitursache für das Ende der menschlichen Existenz sein.

Der Systemanalytiker JAY W. FORESTER vom Massachusetts Institute of Technology hat mit einem exakten mathematischen Modell die gründlichste Studie über die menschlichen Zuwachsraten und deren Folgen geliefert. »The limits of growth« (Die Grenzen des Wachstums) heißt das Buch, in dem Professor DENNIS MEADOWS im Mai 1972 anhand der Foresterschen Berechnungen die Weltöffentlichkeit mit den furchterregenden Zukunftperspektiven konfrontierte. Täglich, stündlich wächst die Zahl der Menschen. Eine Menschenflut überschwemmt unseren Planeten. Alle Menschen brauchen Nahrung, Kleidung, Unterkunft. Alle verursachen Abfälle und Dreck, vermehren den Stickstoff. Mehr landwirtschaftliche Nutzflächen und mehr Rohstoffe werden benötigt als unser Planet zur Verfügung hat. Wie die Metastasen einer krebsartigen Geschwulst wird die Erdoberfläche von Städten und Siedlungen überwuchert. Rodet man in der letzten Not Dschungel und Urwälder, erstickt die Menschheit sich selbst: sie vernichtet die Sauerstoffquellen. Das Lebenselixier: Wasser reicht nicht mehr, selbst wenn Ozeane und das polare Eisvolumen in die Rechnung eingesetzt werden. Noch vor dem Jahr 2100, mahnen die Wissenschaftler, wird die Erde zugrunde gehen.

Für dieses Problem gibt es nur eine Lösung: den sofortigen und rigorosen Geburtenstopp. Dem widersetzen sich die Gebieter großer und kleiner Religionsgemeinschaften wie in einer weltumspannenden Kartellabsprache. Jede Gemeinschaft zählt ihre Schäflein und mehr Schäflein bedeuten mehr Macht, selbst dann noch, wenn diese Macht sich in menschlichem Elend wahrhaftig nicht als gottgewollt darstellen kann. Was hier im Namen Gottes geschehen darf, ist Machtpolitik mit ärmsten Kreaturen, ist ein Verbrechen an der Menschheit. An Gottes Ebenbildern?

Müßte sich der Mensch nicht endlich als wesentlichen Teil des Kosmos begreifen? Von dieser Position aus käme er zu stimmigen Relationen seiner eigenen Bedeutung, er könnte sich seine Welt als Heimat bewahren und zugleich mutiger den Griff nach den Sternen wagen. Die Zukunft wird Weltraumfahrt – Besuche auf dem Mond waren nur ein ganz geringer Anfang – bringen, weil wir Rohstoffe und auch Raum brauchen werden. Weltraumfahrt aber wird mit einer an Sicherheit grenzenden Wahrscheinlichkeit auch die Begegnung mit dem »Herrn vom andern Stern« bringen.

Diese Begegnung paßt nicht ins Konzept der 20000 Religionen und Sekten. Das gläubige Schäflein, der Mensch, muß die Krone der Schöpfung bleiben! Wie denn, was denn, wenn ganz ohne den göttlichen Schöpfungsakt auf anderen Planeten intelligente, uns weit überlegene Wesen existieren? Es ist so schwer, von vertrauten und liebgewordenen Märchen Abschied zu nehmen.

Auf eine luziferisch geschickte Weise müht »man« sich, *diese* Zukunftstechnik mit ihrem Ziel zu sabotieren. Vor den Resultaten der diesem Ziel zugewandten Forschungen warnt »man«. Die Infiltration dieser Gesinnung geht so sachte unter die Haut, daß manche kluge Kritiker von Raumfahrtplänen überhaupt nicht mehr bemerken, wer ihnen bei ihren Argumentationen die Feder führt...

Was nun? Was tun? Soll man Tempel sprengen, Kirchen schleifen? Nie und nimmer.

Wo Menschen sich zusammenfinden und den Schöpfer preisen, empfinden sie eine wohltuende stärkende Gemeinsamkeit. Wie vom Ton einer Stimmgabel angerührt, schwingt gemeinsame Ahnung von etwas Großartigem im Raum. Tempel und Kirchen sind Orte der Besinnung, Räume des gemeinsamen Lobes für das Undefinierbare, für ES, das wir behelfsweise Gott zu nennen gelernt haben. Diese Versammlungsstätten sind notwendig. Der Rest aber ist überflüssig.

Bildnachweis

Erich von Däniken: 1, 3, 5, 6, 7, 8, 9, 10, 12, 14, 15, 17, 18, 19, 21,
    22, 25, 26, 28, 29, 30, 31, 32, 33, 34, 35, 38, 39, 40, 41, 42, 44,
    45, 46, 47, 48, 49, 50, 55, 58, 59, 60.
F. Seiner: 2, 23, 24, 37, 52.
J. Moricz: 4, 11, 20.
Verlag R. Laffont, Paris, aus »les Pheniciens« von J. Mazel: 13.
R. Rohr: 16, 61.
Constantin-Film: 27, 36.
Siemens AG: 35.
Plante de SETE CIDADES Municipio de Piracicaba: 43.
J. Blumrich: 51.
Joao Americo Peret: 53.
NASA: 54.
H. Haas: 56.
H. Grubert: 57.

Literaturverzeichnis

Alfvén, Hannes: *Kosmologie und Antimaterie*, Frankfurt 1969

Allen, T.: *Wesen, die noch niemand sah*, Bergisch-Gladbach 1966

Anders, Ferdinand: *Das Pantheon der Maya*, Graz 1963

Andreas, P.-Adams, G.: *Was niemand glauben will*, Frankfurt 1967

Ardey, Robert: *Adam kam aus Afrika*, Wien 1967

Banco de la Republica: *Museo del Oro*, Bogota 1968

Barreto, Felicitas: *Danzas Indigenas des Brasil*, Mexico 1960

Bass, George F.: *Archäologie unter Wasser*, Bergisch-Gladbach 1966

Baudin, Louis: *Der sozialistische Staat der Inka*, Hamburg 1956

Beck, C. H.: *Menschenzüchtung*, München 1969

Bertelsmann: Hausatlas, Gütersloh 1960

Biedermann, Hans: *Altmexicos heilige Bücher*, Graz 1970

Blavatsky, H. P.: *Die Geheimlehre*, Band I–IV, London 1888

Blühel, Kurt: *Projekt Übermensch*, Bern-Stuttgart 1971

Bogen, H. J.: *Knaurs Buch der modernen Biologie*, München 1967

Boschke, F. L.: *Erde von anderen Sternen*, Düsseldorf 1965

Boschke, F. L.: *Die Herkunft des Lebens*, Düsseldorf 1970

Böttcher, Helmuth M.: *Die große Mutter*, Düsseldorf 1968

Braghine: *Atlantis*, Stuttgart 1939

Branco, Renato Castelo: *Pre-Historia Brasileira*, São Paulo 1972

Brentjes, B.: *Fels- und Höhlenbilder Afrikas*, Heidelberg 1965

Breuer, Hans: *Kolumbus war Chinese*, Frankfurt 1970

Brion, Marcel: *Die frühen Kulturen der Welt*, Köln 1964

Bruckner, Winfried: *Spuren ins All*, Volksbuchverlag, o. J.

Buck, Peter: *Vikings of the sunrise*, New York 1938

Buttlar, Johannes v.: *Schneller als das Licht*, Düsseldorf-Wien 1972

Camp, L. S. u. C. C. de: *Geheimnisvolle Stätten der Geschichte*, Düsseldorf 1966

Cathie, B. L.: *Harmonic 695*, Wellington 1971

Ceram, C. W.: *Der erste Amerikaner*, Hamburg 1972

Charroux, Robert: *Verratene Geheimnisse*, München 1967

Charroux, Robert: *Phantastische Vergangenheit*, München 1969

Charroux, Robert: *Unbekannt – Geheimnisvoll – Phantastisch*, Düsseldorf-Wien 1970

Charroux, Robert: *Die Meister der Welt*, Düsseldorf 1972

Chen Chih-ping: *Chinese history*, Taipei, o. J.

Chiang Fu-Tsung: *Masterworks of chinese bronze in the National Palace Museum*, Taipei 1969

Chiang Fu-Tsung: *The origin and development of the National Palace Museum*, Taipei, o. J.

Codex Tro-Cortesianus: Amerikanisches Museum Madrid

Comfort, Alex u. a.: *Die biologische Zukunft des Menschen*, Frankfurt 1971

Cordan, Wolfgang: *Das Buch des Rates. Mythos und Geschichte der Maya*, Düsseldorf 1962

Covarrubias, M.: *Indian art of Mexico and Central America*, New York 1957

Cramp, Leonard G.: *Piece for a jig-saw*, London 1966

Danielsson, B.: *Vergessene Inseln der Südsee*, Frankfurt-Berlin 1955

Däniken, Erich von: *Erinnerungen an die Zukunft*, Düsseldorf 1968

Däniken, Erich von: *Zurück zu den Sternen*, Düsseldorf 1969

Darlington, C. D.: *Die Entwicklung des Menschen und der Gesellschaft*, Düsseldorf 1971

De Chardin, P. Th.: *Die Zukunft des Menschen*, Olten 1963

De Chardin, P. Th.: *Der Mensch im Kosmos*, München 1965

De Chardin, P. Th.: *Die Entstehung des Menschen*, München 1966

Deuel, Leo: *Flights into yesterday*, New York 1969

Disselhoff, H. D.: *Gott muß Peruaner sein*, Wiesbaden 1956

Ehrenreich, Paul: *Die Mythen und Legenden der südamerikanischen Urvölker*, Berlin 1905

Einstein, A.: *Grundzüge der Relativitätstheorie*, Braunschweig 1963

Eiseley, Loren: *Von der Entstehung des Lebens und der Naturgeschichte des Menschen*, München 1959

Eissfeldt, Otto: *Einleitung in das Alte Testament*, Tübingen 1964

Eliade, Mircea: *Kosmos und Geschichte*, Düsseldorf 1953

Elsässer, Hans u. a.: *Sind wir allein im Kosmos?* München 1970

Eugster, J.: *Die Forschung nach außerirdischem Leben*, Zürich 1969

Ferreira, Manoel Rodrigues: *O misterio do ouro dos martirios*, São Paulo 1960

Frischauer, P.: *Es steht geschrieben*, München 1967

Fuchs, Wilhelm: *Formeln zur Macht*, Stuttgart 1965

Gamow, George: *Die Lebensgeschichte der Erde*, München 1941

Gamow, George: *Erde unser Planet*, München 1963

Giro, Elvira: *Rivelazioni spirituali cosmiche nella chiesa universale giurisdavidica della SS. ma Trinita*, Roma 1968

Gomez, L. D.: *San Augustin* (Instituto columbiano de antropologia), Bogota 1963

Good-Irving, John: *Phantasie in der Wissenschaft*, Düsseldorf 1965

Grand Palais: *Arts mayas du Guatemala*, Paris 1968

Haber, Heinz: *Unser blauer Planet*, Stuttgart 1965

Hagen, Victor von: *World of the maya*, New American Library, New York, o. J.

Hambruch, Paul: *Ponape, Ergebnisse der Südsee-Expedition*, Berlin 1936

Hapgood, Ch. H.: *Maps of the ancient sea kings*, Philadelphia, o.J.

Heitmann, Karl E.: *Die Urzeitjäger im technischen Paradies*, Düsseldorf 1962

Herodot: *Neue Bücher griechischer Geschichte* (Atlas, o. J.)

Herodot: *Historien*, Bücher I–IX

Hertel, J.: *Indische Märchen*, Düsseldorf 1961

Heyerdahl, Thor: *Aku-Aku*, Frankfurt 1957

Hoenn, K.: *Sumerische und akkadische Hymnen und Gebete*, Zürich/Stuttgart 1953

Honoré, Pierre: *Das Buch der Altsteinzeit*, Düsseldorf 1967

Hübner, Paul: *Vom ersten Menschen wird erzählt*, Düsseldorf 1969

Jacobi, Claus: *Die menschliche Springflut*, Berlin 1969

Jacobi, Bernhard: *Als die Götter zahlreich waren*, Frankfurt 1968

Khuon, Ernst von: *Waren die Götter Astronauten?* Düsseldorf 1970

Knaurs Weltatlas, München 1955

Knaurs Weltgeschichte, München 1959

Kohlenberg, Karl F.: *Enträtselte Vorzeit*, München 1970

Kolosimo, Peter: *Sie kamen von einem anderen Stern*, Wiesbaden 1969

Kolosimo, Peter: *Viele Dinge zwischen Himmel und Erde*, Wiesbaden 1970

Kolosimo, Peter: *Woher wir kommen*, Wiesbaden 1972

Kramer, S. N.: *Geschichte beginnt mit Sumer*, München 1959

Krassa, Peter: *Gott kam von den Sternen*, Wien 1969

Krickeberg, Walter: *Märchen der Azteken und Inka*, Jena 1928

Krickeberg, Walter: *Die Religion des alten Amerika*, Stuttgart 1952

Kühn, H.: *Wenn Steine reden*, Wiesbaden 1966

Kunstgewerbemuseum der Stadt Zürich: *Felsritzungen im Val Camonica*, Zürich 1970

Lavondés, Anne: *Art ancien de Tahiti* (Société des Oceanistes), Paris, o. J.

Lehner, E. und J.: *Lore and lure of outer space*, New York 1964

Leon-Portilla, Miguel: *Rückkehr der Götter. Die Aufzeichnungen der Azteken über den Untergang ihres Reiches*, Köln 1962

Lhote, Henri: *Die Felsbilder der Sahara*, Würzburg 1963

Liebenfels, Lanz J. von: *Bibliomystikon*, Pforzheim 1930

Lindner, Helmut: *Physik im Kosmos*, Köln 1971

Löbsack, Theo: *Die Biologie und der liebe Gott*, München 1968

Lucas, Heinz: *Japanische Kultmasken*, Kassel 1965

Lukian: *Zum Mond und darüber hinaus*, Zürich 1967

Maerth, Oscar Kiss: *Der Anfang war das Ende*, Düsseldorf 1971

Marins, Françisco: *Expedicão os martirios*, São Paulo, o. J.

Matschoss, Conrad: *Beiträge zur Geschichte der Technik und Industrie* (Jahrbuch des Vereins deutscher Ingenieure), Berlin 1928

Mazière, Françis: *Insel des Schweigens*, Berlin 1966

McLuhan, Marshall: *Krieg und Frieden im globalen Dorf*, Düsseldorf 1971

Mellaart, James: *Catal Hüyük*, Bergisch-Gladbach 1967

Meißner, B.: *Babylonien und Assyrien*, Winters 1925

Melhedegard, Frede: *Tut-anhk-aman er vagnet*, Fredericia 1970

Metzger, Henri: *Anatolien*, Band I und II, Genf 1969

Ministerio da agricultura: *Paraque national de sete cidades*, Piaui 1971

Monod, Jacques: *Le hasard et la necessité*, Paris 1971

Moricz, Juan: *El origen americano del pueblos europeos*, Guayaquil 1968

Moore, Patrick: *Weltraum-Atlas*, Bern 1970

Museo de Etnologia y Antropologa: *Publicaciones*, Santiago de Chile 1922

Müller, Rolf: *Der Himmel über dem Menschen der Steinzeit*, Heidelberg 1970

National Museum of History: *4000 years of chinese art*, Taipei, o. J.

National Palace Museum: *Chinese cultural art treasures*, Taipei 1971

Newman, Alfred K.: *Who are the maoris?*, London, o. J.

Oliveira, Decio Rufino, de: *Fenomenos parapsicologicos e energia consciente*, São Paulo 1969

Osten-Sacken, P. v. der: *Wandere durch Raum und Zeit*, Stuttgart 1965

Ostrander, Sheila-Lynn, Schroeder: *PSI*, Bern 1971

Paasonen, Heikki: *Gebräuche und Volksdichtung der Tschuwassen*, Helsinki 1949

Pauwels, L. — Bergier, J.: *Aufbruch ins dritte Jahrtausend*, Bern 1962

Pauwels, L. — Bergier, J.: *Der Planet der unmöglichen Möglichkeiten*, Bern 1968

Pauwels, L. — Bergier, J.: *Die Entdeckung des ewigen Menschen*, Bern 1970

Parrot, André: *Sumer*, Paris 1960

Parrot, André: *Assur*, Paris 1960

Philberth, Bernhard: *Christliche Prophetie und Nuklearenergie*, Zürich 1967

Philbeck, Maynard: *The search for the sun people*, Washington D. C. 1968

Philip, Brother: *Secret of the andes*, London 1961

Ploetz, Karl: *Auszug aus der Geschichte*, Würzburg 1968

Pointer, Josef: *Das Weltraum-Dilemma*, Düsseldorf 1971

Prescott, William H.: *Die Welt der Inkas*, Genf, o. J.

Puccetti, Roland: *Außerirdische Intelligenz*, Düsseldorf 1970

Reiche, M.: *Geheimnis der Wüste*, Stuttgart, o. J.

Rittlinger, Herbert: *Der maßlose Ozean*, Stuttgart, o. J.

Reader's Digest: Welt-Atlas, Stuttgart 1965

Rocholl-Roggersdorf: *Das seltsame Leben des Erich von Däniken*, Düsseldorf 1970

Rosenfeld, Albert: *Die zweite Schöpfung*, Düsseldorf 1970

Rüegg, W.: *Die ägyptische Götterwelt*, Zürich/Stuttgart 1959

Saher, P. J.: *Symbole* (Die magische Geheimsprache der Poesie), Ratingen 1968

Saurat, Denis: *Atlantis und die Herrschaft der Riesen*, Stuttgart 1965

Sänger-Bredt, Irene: *Spuren der Vorzeit*, Düsseldorf 1972

Sänger-Bredt, Irene: *Ungelöste Rätsel der Schöpfung*, Düsseldorf 1971

Schirmbeck, Heinrich: *Ihr werdet sein wie die Götter*, Düsseldorf 1966

Schmidt, Ulrich: *Treppen der Götter, Zeichen der Macht*, Düsseldorf 1970

Schrader, Herbert L.: *Der Mensch wird umgebaut*, Frankfurt 1970

Schrader, Herbert L.: *Der achte Tag der Schöpfung*, Berlin 1964

Schwennhagen, Ludwig: *Antiga historia do Brasil*, Rio de Janeiro 1970

Seki, Keigo: *Folktales of Japan*, Chicago 1963

Sete, K.: *Das ägyptische Totenbuch*, Leipzig 1931

Shklovskii, I. S. — Sagan, C.: *Intelligent life in the universe*, San Francisco 1966

Smith, Percy S.: *Hawaiki*, London 1910

Stein, Werner: *Kultur-Fahrplan*, Gütersloh 1970

Steinbuch, Karl: *Die informierte Gesellschaft*, Stuttgart 1968

Sterneder, Hans: *Also spricht die Cheopspyramide*, Freiburg i. Br. 1968

Stingl, Miloslav, Dr.: *In versunkenen Mayastädten*, Leipzig 1971

Stingl, Miloslav, Dr.: *Ostrovy lidojedu*, Praha 1970

Stucken, Eduard: *Polynesisches Sprachgut in Amerika und Sumer*, Leipzig 1927

Stoddard, Theodore L.: *Indians of Brazil in the twentieth century*, Washington D. C. 1967

Sullivan, Navin: *Die Botschaft der Gene*, Frankfurt 1969

Taylor, Gordon Rattray: *Die biologische Zeitbombe*, Frankfurt 1968

Tobisch, O. Oswald: *Kult, Symbol, Schrift*, Baden-Baden 1963

Toffler, Alvin: *Der Zukunfts-Schock*, Bern 1970

Tomas, Andrew: *Wir sind nicht die ersten*, Bonn, o. J.

Tregear, Edward: *The maori race*, Wanganui, N. Z. 1926

Umschau-Verlag: *Die biologische Zukunft des Menschen*, Frankfurt am Main 1971

Valle Jacques and Janine: *Challenge to science*, Chicago 1966

Vestenbrugg, Rudolf Elmayer: *Eingriffe aus dem Kosmos*, Freiburg i. Br. 1971

Villas Boas, O. und C.: *Xingu*, Rio de Janeiro 1970

Waters, Frank: *Book of the hopi*, New York 1963

Watson, James D.: *Die Doppel-Helix*, Hamburg 1969

White, John: *Ancient History of the maori*, Band I–III, Wellington 1887

Weidenreich, F.: *Apes, giants and man*, Chicago 1946

Wedemeyer, Inge von: *Sonnengott und Sonnenmenschen*, Tübingen 1970

Wiesner, Joseph: *Histoire de l'art*, Paris, o. J.

Waisbard, Simone: *Tiahuanaco*, Paris 1971

Biologie in unserer Zeit: Februar 1972, »Gibt es Leben auf unseren Nachbarplaneten?« von Egmon R. Koch

Bild der Wissenschaft: Dezember 1971, »Ein weiteres Geheimnis der Inkas«

Bremer Nachrichten: 30. Dezember 1971, »Darwin hatte doch nicht recht«

Der Spiegel: Nr. 26, 1970, »Zottiger Adam«

Der Spiegel: Nr. 33, 1970, »Inka-Schrift/Bunte Zeichen«

Der Spiegel: Nr. 34, 1971, »Kraft der Steine«

Der Spiegel: Nr. 49, 1971, »Alles geändert«

Der Spiegel: Nr. 15, 1972, »Heiße Nase«

Der Spiegel: Nr. 25, 1972, »Schweigen gebrochen«

Die Heilige Schrift: Verlag der Zwingli-Bibel, Zürich 1961

Die Weltwoche (Zürich): 28. Februar 1972, »Besuch bei Jupiter, Erste Raumsonde zum majestätischen Planeten« von Max Waldmeier

Die Weltwoche (Zürich): 1. März 1972, »Vom Ursprung des Lebens. Natürliche Auslese bei toten Molekülen« von Gerhard Geier

Die Zeit: 12. November 1971, »Lebensstoff im All, Sternlicht verriet die Existenz hochkomplexer Moleküle«

Die Zeit: 4. Februar 1972, »Menschliches Gen entstand im Labor«

El Comercio (Lima): 20. August 1970, »Peruanista dice que lengua incaica proviene de antigua cultura bulgara«

Nan Madol: Ponape District Economic Development Office, 1971

Neue Zürcher Zeitung: 30. Juni 1971, »Computer bestätigen Darwins Evolutionstheorie« von Klaus Vosbeck

Neue Zürcher Zeitung: 6. Januar 1971, »Organische Verbindungen im interstellaren Raum«

New Zeeland's Heritage: Vol. I und II, 1971

O Cruzeiro: 23. März 1972, »Bep-Kororoti o Guerreiro do Espaco« von Joao Américo Peret

O Estado de São Paulo: 2. Dezember 1970, »Cirurgia na idade da pedra«

O Globo: 14. Juli 1971, »Gruta com mais de seis quilometros«

O Globo: 19. September 1970, »A cidade que Fawcet nao encontrou« von Joao Américo Peret

Offenbach-Post: 3. Oktober 1970, »Das Volk aus dem See kann nicht antworten«

Projeto Piaui: Piaui 1971 (Brasil)

Süddeutsche Zeitung: 3. September 1971, »Leben – älter als die Erde?«

Süddeutsche Zeitung: 30. Dezember 1971, »Universum doppelt so alt wie angenommen?«

Star 7 O'Clock: 18. September 1971, »Is this a 1000 year old model of a jet Plane?« von Francos Cooper

Symmetrie des Weltalls: o. J. von Andrei Sacharow

Tages-Anzeiger (Zürich): 26. April 1971, »Fünf Millionen Jahre alte Vormenschenreste gefunden«

Tages-Anzeiger (Zürich): 19. Mai 1972, »So geht die Welt zugrunde«

Tages-Anzeiger (Zürich): 1. Juni 1972, »Australier auf der Jagd nach Leben im Weltall«

Umschau in Wissenschaft und Technik: Heft 22, 1971, »Wie groß sind Fixsterne?« von Prof. F. Schmeidler

Umschau in Wissenschaft und Technik: Heft 25, 1971, »Elektronenstrahlen als Werkzeug« von Berthold W. Schuhmacher

Umschau in Wissenschaft und Technik: Heft 26, 1971, »Elektrostatische Ionentriebwerke«

Umschau in Wissenschaft und Technik: Heft 1, 1972, »Kompakte Galaxien« von Johanna Hoffmann

Umschau in Wissenschaft und Technik: Heft 3, 1972, »Moleküle im interstellaren Raum« von James Lequeux

Umschau in Wissenschaft und Technik: Heft 4, 1972, »Aminosäuren in drei Meteoriten«

Ultima Hora (Brasil): 8. April 1972, »Descoperto Fossil de una Civilização perdida no Brasil«

Weser-Kurier: 19. Februar 1972, »Inkas hatten doch eine Schrift«

Weser-Kurier: 15. Januar 1972, »Die C-14-Uhr ging falsch«

Weekend: 14. Januar 1970, »Is this a 1000 year old plane?«

Sachregister

Inhaltsverzeichnis

UROS *mit dem schwarzen Blut — Kannten Steinzeitmenschen eine Schrift? — Bienengötter — Leben ist älter als die Erde — Fortbildungs-kurse für Steinzeitmenschen — Starteten Inder vor 3000 Jahren zu Raumflügen? — Unterwassersiedlungen vor den* BAHAMAS *— Massen-mord an Tieren in prähistorischer Zeit — Die Höhlen von* KANHERI *— Spekulationen! —* HESEKIEL *kannte ein Raumfahrzeug! — Gespräch mit* JOSEPH F. BLUMRICH *— Mein Wunschtraum*